박종규 (朴鍾圭)

진도 출생. 선린상고, 서울대학교 미술대학, 한양대학원,
서울산업대학교, 국립군산대학교, 한국 재활복지대학교 출강
경인여자대학교 겸임교수 역임.
14세 때 원고지 2,000매의 소설을 썼고, 이 육필원고는
1995년 [주앙마잘]의 초고가 되어 첫 장편소설로 출간.
2001년 장편소설 2부작 [파란비 1, 2]를 출간,
2007년 표지가 없는 수필집 [바다칸타타] 출간. (낭독CD)
2014년 까지 7년간, 64회 차의 '표지화 퍼포먼스' 진행 중
2010년 소설집 [그날] 출간 (500호 원화 2,000 조각 한정판)
2014년 두 번째 수필집 [꽃섬] 출간, 장편소설 [해리] 출간 예정
경기도문학상, 김포문학상, 탐미문학상, 영호남 수필문학상 대상.
현재 한국소설가협회 중앙위원, 한국문인협회 제도개선위원,
국제펜클럽, 김포문협, 마포문협, 진도문협, 전남수필 회원.

blog.naver.com/badacantata
zzizl@hanmail.net

# 꽃섬을 가꾸며...

아름다운 섬 하나 가꾸고 싶었습니다.
어려웠습니다.
아무리 좋은 모종이나 꽃나무가 있어도
정원에는 정원사의 손길이 있어야 함을 알았습니다.

수필 쓰기가 그와 다르지 않았습니다.
본래 이 섬의 이미지는 '괴물'이었습니다.
괴물의 탈을 벗기고 꽃섬으로 피워내기가
쉽지 않았습니다.
벗고 또 벗어 알몸이 될 수 있어야 비로소
독자의 감성에 다가갈 수 있음을
겨우 알아가고 있습니다.

이 글 집은 제가 꿈꾸는 나름의 작은 섬입니다.
글 가지 편편이 예쁜 꽃으로, 사람의 향 우러나는 꽃섬으로
형상화 하고자 노력했습니다만 아쉬움이 큰 것은,
역시 아직 벗어냄의 부족이라 생각합니다.

첫 수필집에서 고른 다섯 편을 더 다듬어
마지막 챕터로 편집, 꽃섬을 꾸며보았습니다.

꽃섬 표지는 독자님 성함의 캘리그래피로 완성되며
독자님이 꽃섬의 주인입니다

2014년 세밑에<br>
합정동 서재에서 저자 올림

| 지은이 | 박종규 |
| 펴낸이 | 박인수 |
| 펴낸곳 | (주)폴리곤커뮤니케이션즈 |
| 기획 | POLYGON Books |
| 북디자인 | POLYGON Books |

| 초판1쇄인쇄 | 2015년 1월 3일 |
| 초판1쇄발행 | 2015년 1월 5일 |

| 등록일자 | 2003년 12월 23일 |
| 등록번호 | 제 313-2003-00384호 |
| 주소 | 서울시 마포구 합정동 362-2 4층 |
| 전국공급처 | 도서출판 채운재:02-704-3301 |
| Homepage | www.polygon.co.kr |
| E-mail | books@polygon.co.kr |

978-89-954801-4-4 03810
이 책은 저자와의 협의 하에 인지를 생략함.

값 12,000원

꽃녀

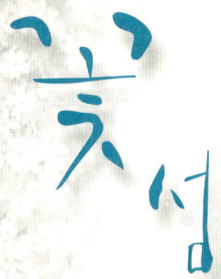

## 예기치 못한 일

- *1* 예기치 못한 일
- *2* 머리 짓기
- *3* 강벤 맥놀이
- *4* 남자는 없다
- *5* 박수로 보내고 싶은 디바
- *6* 개똥참외 2
- *7* 앙트르샤

## 덕, 덕분에

- *8* 폭탄 돌리기
- *9* 원 달러의 미소
- *10* 얼차려 소대장
- *11* 춘절 낙엽
- *12* 두렵고 두렵다
- *13* 덕, 덕분에
- *14* 명달리 고개를 넘어서

### 색동 수의

- *15* 색동 수의
- *16* 소리꽃밭
- *17* 나뚜
- *18* 명정 쓰기
- *19* 베르사유궁은 작업장
- *20* 악마의 집에서 만난 천사
- *21* 오소리 가족의 탈주

### 꽃 섬

- *29* 꽃 섬
- *30* 700년 전 불발 쿠데타
- *31* 백두여, 하늘 연못이여!
- *32* 황색 리본
- *33* 그들만의 캐슬
- *34* '독도는 우리 땅'이 아니다
- *35* 잃어지는 것들

### 천 년 사랑

- *22* 작품 28,688
- *23* 천 년 사랑
- *24* 진도의 보름달
- *25* 나는 압록, 강이로소이다
- *26* 울타리 너머
- *27* 눈이 녹으면
- *28* 큰 나무

### 댓잎 소리

- *36* 거리 두기
- *37* 개 쫓은 닭
- *38* 망각을 일깨우며
- *39* 청룡고개
- *40* 바다칸타타
- *41* 댓잎 소리

# 예기치 못한 일

1 예기치 못한 일
2 머리 짓기
3 강변 맥놀이
4 남자는 없다
5 박수로 보내고 싶은 디바
6 개똥참외 2
7 앙트르샤

내 인생은 그런 이유로 내가 만들어가는 영화이고, 나의 글쓰기는
예기치 못한 일을 상상해가는 내 나름의 연출이 필요한 작업이다.
예기치 못한 일들은 예기치 못하기 때문에 늘 예사롭지 않았다.

## 예기치 못한 일

- 흰 두루마기를 입은 사내가 긴 칼을 빼더니
대각선으로 여인의 몸을 벤다 -

　남쪽 섬마을에서 올라와 자동차들 다니는 것이 신기해 눈만 또랑또랑하던 일곱 살 소년시절이었다. 사람이 죽는다는 것은 들어보지도, 상상도 못할 나이에 너무 소름이 끼쳐 옆자리의 숙부에게로 몸을 움츠리면서 표정을 살폈다. 돌부처처럼 앞 화면만 쳐다보고 있던 숙부의 얼굴에 은막의 빛 테가 어른거렸다. 사람이 사람을 죽이는 데, 그것을 말릴 생각은커녕 태연하게 구경만 하고 앉아 있는 극장의 관객들이 모두 이상해 보였다. 몇 년이 더 지나서야 그것이 꾸며진 극이라는, 배역을 맡은 배우들의 연기였다는 것을 알게 되었는지는 모르나 이처럼 영화는 처음 쇼킹한 장면으로 내게 다가왔다.
　위는 흑백영화 '시집가는 날'의 한 장면이었다. 그 쇼킹한 장면을 본 경험은 그러나 서서히 내 호기심을 부추기고 충족시켜주는 대상으로 자리잡아갔다. 영국 영화 '예기치 못한 일'을 볼 때처럼 영화 속에는 늘 예기치 못한 일들이 가득했고, 그 속에서 살아가는 사람들의 흥미진진한 이야기가 실타래처럼 풀려나가고 있었다. 직접 가볼 수 없고 접할 수 없는 꿈같은 이미지들이 눈앞의 대형 화면에서 펼쳐졌다. 포연이 짙은 전장(戰場)의 밤을 울리는 트렘팻 소리, 화산 폭발로 바다에 가라앉아가는 파라다이스 같던 섬, 로마시대의 역사적인 인물로 등장했던 파란 눈의 사람들이 소년의 가슴에 베일에 쌓인 우상으로 들어앉았다. 뿐만 아니라 '십계', '벤허'같은 대작영화는 감성적인 소년에게 몽환적 꿈의 갈래를 넓혀주던 추억속의 명작들이었다.

영국군 장교출신인 '로렌스' 대위는 예기치 않게 조국 영국에 대항하는 아랍군을 지휘하게 된다. 적을 잘 아는 그는 뛰어난 지략으로 승전을 거듭하고 '아라비아의 로렌스'는 스스로가 사막의 영웅으로 되어가고 있다는 사실을 즐긴다. 그는 어느 날 아무도 보지 않는 광활한 사막의 한 복판으로 말을 달려 들어간다. 로렌스는 흰 아랍의상을 바람에 펄럭이며 자기도취에 빠져 '나는 영웅이다'를 외치면서 두 팔을 펼쳐 보이지만 주변에는 아무도 없었다. 오로지 나만 그곳에서 로렌스의 진솔한 모습을 지켜보고 있는 것 같았다. 데에비드 린 감독의 이 영화 원작자는 바로 피터오틀이 주연한 로렌스 자신이었다. 아랍인들은 로렌스의 활약을 사기극이고 아랍반란은 아랍인들의 희생으로만 얻어진 결실이라고 말한다. 그러나 영화를 영화로만 보고 싶다. 앞서 말한 장면은 내가 본 수많은 영화 가운데 가장 인상적인 한 장면으로 남아 있다.

생활지도 선생의 눈길을 피해 영화관을 드나드느라 가슴조이는 일도 많앉지만, 예기치 못한 일을 좇는 나의 영화보기는 도를 넘어서 재개봉관, 동시상영관까지 쫓아다녔다. 외국영화는 한 편도 거르지 않고 반드시 보고 지나야 했다. 그리고 영화제목과 상영시간, 감독과 출연배우, 비스타비젼인가 시네마스코프인가 등을 편편이 메모해두었는데, 이후 대학에 진학할 때까지 품에 지니고 다니던 손때 묻은 조그만 수첩은 깨알 같은 영화메모로 가득 채워졌다.

그 시절, 풍족하지 못해 고학을 하던 내게 호기심을 좇는 영화보기는 남 모르는 즐거움이었다. 영화관을 들락거리는 것은 돈을 쓰는 것이었기 때문에 부모들이 알면 여간 실망스러운 일이 아닐 터였다. 한 번은 영화관에서 나오다가 예기치 않게 우리가 세 들어 사는 주인집 딸을 만났다. 어떻게 네가 영화관을 다 왔냐는 듯이 그녀는 흠칫 놀라고 있었다. 그 일 이후 혹시나 그녀가 부모님에게 이 사실을 알리기라도 했으면 어쩌나 전전긍긍했었다. 성년이 되어 내 영화보기에서 비롯된 호기심은 보다 현실적인 문제로 괘도를 수정했던 것 같다. 대학에 들어갔을 때, 세상에 태어나서 세상 경험을 모두 하는 것이야 말로 제대로 사는 인생이라는 생각까지 갖게 되었으니 말이다. 마지막 경험은 자살이 아닐까 하는 엉뚱한 생각까지 하게 된 것은 세상과 영화를 혼동했던 때문이리라.

한편 생각하면 영화는 내게 동경의 문으로 들어가는 길을 터 주었던 것 같다. 외국에 대한 동경은 그곳을 가고 싶은 열망으로 진화하였고, 해외에 나가는 일이 쉽지 않았던 그 시절, 무역회사에 근무하게 되면서부터 전 세계에 나가 있는 지사를 방문하는 일들로 내 열망에 부응하였다. 나는 예기치 않게도 스크린으로 만났던 모든 꿈의 영상들을 하나 둘 실상으로 확인할 수 있었던 것이다.

　영화에서처럼 예기치 못한 일들은 인생에서도 예기치 않게 찾아온다. 내 인생은 그런 이유로 내가 만들어가는 영화이고, 나의 글쓰기는 예기치 못한 일을 상상해가는 내 나름의 연출이 필요한 작업이다. 예기치 못한 일들은 예기치 못하기 때문에 늘 예사롭지 않았다. 세월은 기억을 지워나가지만 기록은 영원하다고 했다. 하지만 어쩌랴, 내겐 그 옛날의 손때 묻은 영화메모마저도 남아있지 않은 것을.

아름다운 문장과 좋은 카피는 분명히 다르다.
좋은 카피는 필요한 그릇에 가장 적절히 담긴 글이고,
아름다운 문장은 그릇에 차고 넘치는 글이다.

# 머리 짓기

　모처럼 시야가 확 트인 월미도 바닷가를 거닐고 있다. 깔끔하게 정리된 해변의 오후는 우중이어서인지 더욱 이국적이다.
　끼룩끼룩 새우깡 사냥에 맛 들린 갈매기들이 분주하다. 이따금 젊은 커플이 새우깡을 날리면서 갈매기 떼를 끌고 다니는 모습은 유희를 즐기는 태초의 인간을 연상시킨다. 문득 바다에서 시선을 거두어 돌아보니 전망 좋은 곳에 횟집들이 늘비한데 간판 경쟁에 불이 붙어 있다.
　'사장이 미쳤어요' '광어부인 정(情)때문에' '정家네'까지는 웃으며 지나친다. 그러나 '간다간다 뿅간다' '덜렁이네 막준대요' '밧데리부인' '삐삐부인 진동왔네'에 이르러서는 웃기에도 지친다. 횟집마다 마구 퍼준다는 데에 포인트를 맞춘 것으로 보인다. 갯가라 생선의 선도는 당연할 테고 값만 싸면 될 성싶기는 하다. 그러나 '곧 망할 집'이라는 간판에 이르러서는 두 손을 들 수밖에. 횟집마다 간판의 아이디어는 기발했으나 말초적인 낱말

끼리 경쟁하다 보니 뒤엉켜서 도리어 자기만의 색깔이 없어져 버렸다. 마치 서로 물고 물리어 결국에는 한 마리도 탈출하지 못하는 바구니 속의 게들처럼…….

상인들 나름으로는 고객들의 취향을 계산한 발상이었겠지만 정작 아쉬움은 다른 데 있다. 항구는 갈매기의 날갯짓에도 눈물샘을 자극하는 아릿한 이미지를 준다. 하늘을 품은 듯 드넓은 바다는 가슴마저 일렁이게 하는데, 현란한 간판들의 표제가 바다의 서정적인 분위기를 여지없이 무너뜨린다. 모포 자락을 둘러쓰고 둘이 하나 되어 비 내리는 해변을 거닐던 젊은 커플이 황새처럼 걸어간 길을 되돌아왔다.

간판이 고객의 입맛을 자극하느냐 여부에 따라 손님의 숫자는 사뭇 달라질 수 있다. 손님들의 성향을 제대로 알았더라면 그 성향에 맞는 간판의 이름을 지어 달았을 것이고, 횟집 아짐의 앞치마는 더불어 불룩해졌을 것이다.

대형서점에 가면 책들의 제목 싸움이 요란하다. 그것들의 '소리 없는 아우성'을 들으며 책을 빼 들다가 월미도의 횟집 간판들을 떠올린다. 서점에서 책이 독자에게 선택되는 첫 관문은 책의 간판이라 할 수 있는 제목이다. 내용으로 들어가면 간판 밑의 메뉴들처럼 소제목들은 독자의 또 다른 선택을 기다린다. 수필집 한 권에 들어 있는 작품 중에서 독자의 눈길을 끄는 수필 제목은 몇 편이나 될까?

이미지가 쉬 그려지는 제목은 기억의 방에 쉽게 들어앉는다. 만약 세상살이에 대한 가르침을 눈치 없이 제목으로 앉혔다면, 그것은 작가 스스로 독자와의 사이에 담을 쌓는 격이 될 것이다.

'그해 겨울', '세상 사는 이야기', '기다림', '내면의 향기' 등의 제목보다는 '노래하는 벽', '그녀가 선유도에 와있다', '아프리카의 귀신들' 등이 구체적이고 이미지가 강해서 훨씬 구미가 당기지 않겠는가.

생각을 뒤집어 책 제목을 횟집에 간판으로 달아보고, 횟집 간판을 수필집 제목으로 써 보자. 서점에 깔린 수많은 책 중에서 '밧데리부인'이나 '사장이 미쳤어요' 같은 제목이 있다면, 책의 품격과는 무관하게 독자의 궁금증이 책갈피에 닿지 않을까. 또한, 횟집 간판에 '사랑이 사랑을 버리다', '돌돌돌', '하얀 숲'을 가정해 보자. 사랑이……. 는 단어의 반복에서 오는 말맛과 짧은 글 속에서의 반전이 묘미를 줄 것이다. 돌돌돌은 소리글자의 반복으로 구르고 감겨드는 말맛이 기억소자(記憶素子)로 남게 된다. 하얀 숲은 푸른 바다와 대조를 이루어 격조 있는 횟집 이미지로 연인들을 끌어들일 수 있을 것이다.

아름다운 문장과 좋은 카피는 분명히 다르다. 좋은 카피는 필요한 그릇에 가장 적절히 담긴 글이고, 아름다운 문장은 그릇에 차고 넘치는 글이다. 사람들은 대부분 아름다운 문장을 선호하지만, 광고카피나 간판 제목처럼 목적이 있는 글의 정답은 보이지 않는 뒷면에 숨어 있는 경우가 많다. 사람이 살아가면서 일상화된 고정관념을 깨기란 쉽지 않다. 그런 고정된 생각들이 우리가 등잔 밑에서 살아가고 있다는 자각마저 못 하게 하는 것은 아닐까.

넓은 바다의 적요는 모처럼 일상의 속도를 버리게 한다. 바다를 유영하는 유람선은 나를 감상에 빠뜨리고도 부족하다는 듯 바람마저 목을 휘감는다. 그러나 갯바람을 뒤로 하고 발길을 돌렸을 때 횟집들의 간판은 무료한 한낮처럼 기억의 저변에서 사라져갔다.

고즈넉한 바다의 품을 거닐던 젊은 한 쌍은 설혹 '사랑이 사랑을 버린다' 해도 결국은 그 집을 찾아들 것이라는 생각을 해 본다.

저녁에는 쏟아지는 별빛 아래서 난타페스티벌이 펼쳐질 것인데 타악기의 경쾌한 리듬은 벼랑바위를 타고 올라 고요 속에 잠든 별 무리까지 흔들어 깨울 것이다.

## 강벤 맥놀이

둥둥둥둥둥~.

 차창 밖 강변 마을은 비색의 벼랑바위가 병풍처럼 둘러쳐져 있다. 움직이는 것은 마을을 돌아 흐르는 강물뿐, 강변엔 적요만 가득한데 홀연 잔잔한 북소리가 강물을 건너온다. 오랜 세월 쌓아온 퇴적층은 넓은 모래땅을 형성하였고, 언제부터인가 그곳에 판잣집들이 몸 부대껴 들어앉았을 것이다. 집들은 하나같이 잿빛이나 버드나무까지 타오르는 모래톱의 풀 이끼, 봄을 피워낸 벚나무, 전설이 묻어나는 암벽의 동굴 등, 경관의 수려함에 넋을 빼앗기고 만다. 이 풍광을 먼발치에 있는 그림으로만 보기엔 너무 아깝다. 중국 단둥에서 시작한 압록강 탐사 일정은 백두산 턱밑까지 다다랐으나 이처럼 멋진 풍광은 흔치 않았다. 버스가 잠시 멈춘다.

-선새앰들, 보천군의 보안서장이 탈북했다 잽니까.
　나는 안내인의 북한 말투를 애써 떨쳐내며 벼랑바위 주변에 시선을 고정, 상상의 노둣돌을 놓기 시작한다. 초가 누각을 세울 만 한 자리가 몇 군데 보인다. 커다란 바위들 틈새에는 흔들다리를 놓아 이음줄을 삼을 것이다. 둥둥둥~ 점점 커지는 북소리의 리듬에 따라 잿빛 판잣집들을 하나 둘 지워나간다. 땅을 아래로 비스듬하게 파 내려가 계단식 객석을 만든다. 고대의 원형극장에 초가를 씌운 것 같은 조가비 모양의 무대가 벼랑바위 배경에 안기면서 마을 터는 제법 큰 공연장으로 바뀐다. 그곳에 훌쩍 나를 옮긴다. 토사를 밟는 감각이 눈 덮인 새벽길을 걷는 듯 새롭다. 공연장 좌우에는 작은 초가들을 올망졸망 앉힌다. 저녁에는 쏟아지는 별빛 아래서 난타페스티벌이 펼쳐질 것인데 타악기의 경쾌한 리듬은 벼랑바위를 타고 올라 고요 속에 잠든 별 무리까지 흔들어 깨울 것이다.
　둥둥둥 두둥둥!
　북소리는 고조되어 병풍바위에 메아리친다.
　-량강도 보천군은 김일성의 보천보 전투로 유명한 곳입미다. 량강도에서는 보안서장이 탈북한 기이, 어저는 당 간부들두 탈북하는 정돔니다.
　통일을 이룬 미래의 아침, '강변 공연장'은 이미 동북아의 명소가 된 것일까. 중국은 물론 러시아, 일본인들까지 관객들이 차츰 불어나고 있다. 공연 시간까지는 여유가 있어 강변을 산책하노라니 강물 소리가 소소하다. 강물은 통일 이전부터 이곳에서 피고 진 인적(人跡)을 지켜보았을 것이다. 아이들의 물질 소리, 장작 패는 소리, 봄을 일구는 쇠스랑 소리, 고통 속에 살아갔을 모든 소리까지 물살에 섞으며 흘렀을 반 토막 세월이 역사 속으로 흘러든다.

둥둥둥둥 두둥둥!

공연장 주변을 맴돌던 북소리가 불기둥처럼 밤하늘로 번져 오른다. 객석이 많이 채워진다. 조금 있으면 타악기들의 두드림이 이 땅을, 강물을, 밤하늘을 일깨워 하늘 밖까지 고동칠 것이다.

"문제는 탈북 김미더."

탈북, 탈북! 안내인 조 선생의 쉰 소리에 시나브로 북소리가 사그라진다. 이제까지 만들어 놓은 공연장 이미지마저 서서히 지워지고 있다. 하지만 북소리는 내 가슴으로 파고들어 이내 나의 고동소리가 된다. 맥놀이다! 나는 상상의 공간을 빠져나왔으나 여전히 강변에서 시선을 거두지 못한다. 마을은 줌 아웃되어 다시 차창에 갇히고 있다. 널빤지로 야트막하게 둘러친 판잣집의 담장이 다정하다. 그 너머 마을에 제법 큰 가옥이 있다. 그러나 공연장이 사라진 너른 들판은 여전히 적막뿐, 사람이 없다. 강변 마을 사람들은 어디로 간 것일까? 강물만이 기척 없이 흐르고 있다. 그 안에서는 인민재판이 열리고 있을지 모른다. 넓은 실내에 풀 죽은 주민이 모여 있고, 김일성 부자 사진 앞에는 인민복 차림의 한 사내가 눈을 부라려 연설을 하고 있고.

-조 선생, 마을에 사람들이 보이질 않아요!

-그러기다 말임 메다. 탈북, 요거이 문제 김미더. 요즘은 만두 몇 개를 얻자구 여자들이 중국에 건너가 몸을 파는 정돔미다. 상품가치가 있는 뺀뺀

한 여자들은 차 운전 칸 안에 태우구 나이 든 여자는 운전 칸 우에 태웠는데, 추바서 고새 얼어 죽었던 김미더.

너무 커버린 나무는 누리에 뿌리를 뻗쳐 위세가 등등하다. 나무가 쇠하기 시작하면 잔뿌리들은 생존을 위해 더욱 필사적이 된다. 잔뿌리를 먹여 살려야 하는 것은 민중의 몫이다. 장기 집권의 폐해다. 남쪽은 그걸 민주화로 막아냈다. 전 세계의 독재국가가 그 길에서 돌아섰다. 어두운 과거의 잔상들이 오렌지 빛 햇살로 씻겨나가고 있는 세상이다. 하지만 얼마 전 한 탈북 인사는 북한에서의 인민들에 의한 오렌지 혁명 가능성이 영 프로라고 잘라 말했다.

-선새앰들은 일찌감치 한강의 기적을 이루었습더. 압록강, 두만강의 상처를 보듬어서 한 동포의 정을 나누며 사는 풍요한 강벤 마을로 만들어야 할 소명이 선새앰들 한테두 있다구 생각함.

조 선생은 압록강의 기적을 꿈꾸고 있다. 우리가 돌탑을 쌓는 심정으로 차근차근 그 길을 가다 보면 때가 올 터이고, 굳이 통일이라는 말을 쓰지 않더라도 풍요로움은 남북을 하나로 이어 주는 필연이 될 수 있으리라 생각해 본다.

"저기 좀 봐요, 꼬마가 우리에게 손을 흔드는 것 같아요!"

일행 중 누군가 반갑게 소리친다. 아, 그곳에 사람이 나와 있다. 어린 사람이! 그런데 꼬마는 허리를 굽히더니 무엇인가를 집어 우리 쪽으로 힘껏 던진다. 강 중간에 파문이 인다. 돌팔매다! 돌팔매의 파문은 차츰 사라지지만, 꼬마를 바라보는 우리의 눈길이 안쓰러운 파장을 만든다.
　둥둥둥 두둥! 내 가슴속 피돌기가 빨라진다. 맥놀이가 다시 시작된다.

-----------------------------------------------------------

비색 ; 청자색 / 임미더 : 입니다 / 어저는 : 이제는 / 김니더 : ~것입니다
이김다 : 이것입니다 / 강벤 : 강변의 입말

이제라도 멀어져가는 우리들의 아버지, 사내들의 의리, 세계를 품는 남자의 가슴팍을 그려보고 싶습니다. 사라져가는 사내들의 뒷모습이 시야에 보일 때까지만이라도.

## 남자는 없다

    동현이라는, 세 살배기 사내아이가 있어요. 날씨가 차가워지자 애 엄마는 아이를 위해 타이스를 입히려 했으나 자기는 발레 안 한다고, 자긴 남자라며 타이스는 싫다 하더래요. 얼마 전 타이스를 입은 여성 발레리나가 TV에 나왔는데 그 프로를 본 녀석, 타이스는 여자 발레리나만 입는 의상으로 생각했던 모양입니다. 네가 남자냐고 녀석의 엄마가 묻지 않았겠어요? 녀석의 대답이 걸작입니다.
    "나, 꼬추 있어! 아빠가 풀로 붙여주었단 말이야. 엄마도 말 잘 들으면 아빠가 꼬추 풀로 붙여줄 거야."
    서너 살 아이들 세계에서도 남자와 여자가 유별한 모양입니다. 동현이는 스스로가 남자라는 생각을 했고, 여자가 입는 타이스를 입지 않겠다고 한 것이지요. 요즘처럼 유니섹스모드가 유행인 시대에 세상 구경한 지 4년이 채 안 된 동현이는 그 알량한 남자다움, 혹은 남녀유별 의식을 어디서 배웠을까요?

　레스토랑이나 백화점에 가니 여성 손님이 대부분입니다. 흔한 커피숍에 가도 삼삼오오 여성이 대부분 테이블을 차지하고 있고요. 점심시간 잠깐 모습을 보였던 남자들은 가뭄에 소낙비처럼 시야에서 사라져버립니다. 대학로에 가도 여성이 태반이고, 쇼핑센터는 물론, 공연장 객석의 태반이 여성들로 채워집니다. 남성의 전유물 같았던 스포츠 경기장마저도 여성 관중의 수요가 날로 늘고 있어요. 가는 곳마다 여성 일색이고, 남성은 아주 쬐끔 눈에 띕니다. 인구의 반이 넘는 그 많은 남자는 대체 어디로 숨어든 걸까요? 남자들은 다, 어디서, 무얼 하고 있을까요? 그러고 보니 내 눈에 들어오는 남녀 성비가 2 대 8이 안 되는 느낌입니다.

　하긴 텔레비전의 채널권도 여성의 전유물이 된 지 오랩니다. 방송 프로그램 진행자도 여성이 많고요. 앵커에 더블 앵커까지 여성이 꿰차고 있고, 예전의 김동완이 아니면 안 될 성싶었던 일기예보는 여성들이 아나운서로 발돋움 하는 관문이 된 지 오래죠. 우리나라 여성 스포츠 파워는 많은 분야에서 세계인들을 놀라게 합니다. 미국 여자 프로골퍼의 30%를 한국 여자들이 차지하는 기염을 토하고 있습니다. 연전에 LPGA 커미셔너가 사퇴했는데, 동양권 선수들, 특히 우리나라 여성 골퍼가 판치는 LPGA에 서구 스폰서가 줄어들었기 때문이라고 합니다. 한국 어머니들의 무서운 집념이 각 분야에서 그 자식들에 의해 빛을 발하는 겁니다. 우리나라는 정말 모계사회로 접어든 것이 맞나 봅니다. 문학 분야요? 강남에서는 시인을 부르면 베란다 창이 다 열린다잖아요! 수필가나 소설가에 이르기까지 작가는 여

류작가가 훨씬 더 많습니다.

　그럼, 그 많은 남성은 다 어디로 갔을까요? 남자들은 점심도 안 먹고, 문화생활도 안 하나요? 그렇지는 않습니다. 드러나지 않는 구석구석에, 여성들의 그늘에서는 남성들을 뜻밖에 쉽게 만날 수 있습니다.

　세상에서 가장 혹독한 환경의 근로 현장으로는 조선소를 꼽습니다. 환풍도 제대로 되지 않는 갇힌 공간에서 페인트칠하는 노동자들의 힘겨운 일상은 막장과도 비견될 수 없다는 곳이지요. 거기 남성들이 있습니다. 원양어선, 공사판 이외에도 목숨을 담보하는 방위 전선에 남성들 태반이 몰려있습니다. 탑골공원이나 종로의 급식소에서 줄 서서 한 끼를 해결하는 사람들도 대부분 남성이지요. 나이는 좀 드셨지만요. 서울역 지하도에서 노숙하는 사람들도 남자밖에 못 봤습니다. 그리고 요즘 한강 변 땡볕 쏟아지는 공사현장에서도 남성들을 쉬 볼 수 있어요. 카페의 주방, 레스토랑의 주방, 식당의 주방, 중국집 철가방 등 방자 돌림은 대부분 남성 몫이에요. 그리고 또 하나, 지린내 펄펄 나는 최악의 노동판, 불쌍한 정치판까지도 대부분 남성이 부끄러운 줄 모르고 명함을 내밀고 있지요. 이쯤 되면 지금은 소위 여성파워시대가 맞아요. 남성의 호통에 온 집안이 파르르 떨며 가정의 기강을 세웠던 시대는 옛이야기가 되었고, 여성이 룸살롱에서 남성 호스티스를 거느리는 새 시대가 온 것이지요. 그래도 여성의 권익이 선진국에 못 미치고 있다니, 그것 참 요상하긴 합니다.

　언제부터 여성들이 사회 전면에 나서기 시작했느냐고요? 아마 제 생각이 맞을 겁니다. 전파매체의 눈부신 발달! 그래요. 애초부터 드라마는 남성들이 출근하고 나서 집에 남아 있는 여성들에게 초점을 맞추어 만들어졌거든요. 여성이 드라마 작가의 주류를 이루면서 어정쩡하고 모자란 듯한 남성상을 자주 그려 가부장적인 남성의 그늘에 있던 여성들에게 심리적인 대리만족을 부추겼습니다. 그뿐만 아니라 모든 상품광고는 여성이 주 타깃이지요. 여성이 쓴 대본대로 남성 연기자들은 허우대만 멀쩡한 꼭두각시가 되었고, 사회 전반의 흐름이 드라마의 패턴대로 트렌드화 되기를 반복했던 겁니다. 결국 '나이 든 남성들은 이사 갈 때 자기를 떼어놓고 갈까 봐 이삿짐 차 보닛 위에 먼저 올라탄다'라는 우스개 소리까지 등장하는, 부권 부재의 가정이 회자하는 세태가 되고 말았습니다. 여성은 남성적으로, 남성은 여성적으로 바뀌고 있으니 남자는 있으나 남자다운 남자가 눈에 덜 띄는 이유지요. 여성의 얼굴이 아닌, 남성의 얼굴을 가진 남자는 보기가 점점 어려워집니다. 다시 남자다운 남성들이 사회 전면에 나설 수 있는 날이 과연 올는지요.

　수년 전, 서울산업대학교에서 축제를 했는데, 축제의 주제가 아버지였습니다. 미국에서는 6월 21일을 아버지의 날로 기념하고 있고요. 양성평등을 넘어 여성 우월의 시대가 된 반작용의 하나로 읽히는 대목입니다. 그렇다고 사회 전반에서 남성이 보이지 않아 심각한 구조적 결함을 초래할 것으로는 보이지 않아요. 부계사회에서 야기된 온갖 가부장적 문제들이 치유되고, 사회는 새로운 패러다임으로 영유될 수도 있겠지요. 문제는 모계사회로의 완전한 이전이 또 다른 불협화음을 초래하지는 않을까 하는 것입니다.

날개 달린 새들도 짝이 있습니다. 자연계는 놀라운 조화 속에 창조의 원리대로 균형을 이루고 있습니다. 모계사회에서 부계사회로, 다시 모계사회로 사회 시스템이 진행되는 것은 인류사의 틀 속에서 이해할 수 있습니다. 그러나 이제라도 멀어져가는 우리들의 아버지, 사내들의 의리, 세계를 품는 넉넉한 남자의 가슴팍을 그려보고 싶습니다. 사라져가는 사내들의 뒷모습이 시야에 보일 때까지만 이라도.

그녀를 아쉽게 떠나보내야 했던 일 년 전이 떠올랐다.
박수칠 때 떠났던 디바가 돌아와 다시 박수를 강요하는 느낌을
지울 수가 없었다.

# 박수로
# 보내고 싶은 디바

　박수칠 때 떠나라했다. '박수칠 때'는 정상에 설 때를 의미한다. 그때를 소망하며 살아왔고, 그날을 위해 기량을 갈고 닦아온 사람에게 박수칠 때 떠나라니, 잔인한 요구 아닐까? 어떤 메시지에 우리는 표정과 몸짓으로 반응한다. 박수는 상대방의 메시지를 가슴으로 받아들여 호의로 되 보내는 가슴의 언어다. 때론 소름이 돋게 하고, 기를 살려주기도 하며, 분위기를 띄워 주기도 하는 것이 박수다.

　선 굵은 인상, 하얗게 셌으나 멋스런 머릿결……. 뭇 사람에게는 선망의 대상이면서 칠십 대 중반 나이에도 세월을 거슬러 사는 듯 보이는 슈퍼스타. 팬들의 가슴에는 감동과 함께 범인들은 채울 수 없는 '욕망이라는 이름'으로 포장된 모든 것을 홀로 소유한 여인. 그녀가 어느 날 TV 토크쇼에 나타난다. 화제는 그녀의 은퇴에 초점이 맞춰져 있다. 나이 칠십 중반이나 된 가수가 은퇴 한다는데 이상할 것도 없다. 그런데 노 가수는 데뷔 시절과 모 작곡가와의 애틋했던 사랑이야기를 들려주어 내가 전부터 가지고 있던 거리감을 하나하나 지워나간다. 그들의 사랑은 노랫말이 되어 불리어졌고, 명곡의 반열에 올라 있다.

　예술인에게 그 예술적 성가와 인품이 정비례하길 바라는 것은 그가 뿜어내는 예술적 성취를 오롯이 간직하고픈 사람들의 바람일 뿐인가 반문하는 일이 종종 있었다. 사람들은 자기 관점에서만 남을 재단하고, 그 자리에 오르기까지 당사자가 기울였던 노고와 고난의 세월을 얼마나 쉬 간과하는지를 생각했다. 결국, 까칠하기만 했던 나의 시선이 수그러든 것이다. 그뿐 아니라 나는 그녀의 열성 팬인 아내의 손에 끌려 '노 가수 이별 콘서트 장'에까지 가게 되었다.

　넓은 객석은 만여 명에 이르는 깨알 같은 팬들의 머릿수로 채워진다. 그녀의 노랫말을 가슴에 안고 그녀가 들려주는 리듬에 맞추어 50년을 함께 걸어온 팬들이 이별마당에 모여든 것이다. 조명이 일시에 꺼지자 팬들의 손에 들린 만여 개의 형광봉이 빛 물결을 일으키며 그녀의 등장을 재촉한다. 잠죽한 오케스트라와 요란한 큰북소리가 막을 밀어 올리자 여인은 큰 무대 중앙 위쪽에서 역광으로 쏟아지는 광선을 뒤로 받으며 검은 망토를 걸친 실루엣 이미지로 등장한다. 주옥같은 히트곡을 철갑으로 입은 그녀의 열정적인 에너지는 팬들의 가슴 속에 마구 파고들어 각자의 가슴에 쌓여있는 지난 날 추억의 더께를 헤집어든다. 그녀를 나이 칠십 넘긴 할머니로 볼 수 있을까? 한 치의 흐트러짐도 없는 발성과 리듬감, 믿기지 않는 성량으로 체육관을 메운 만여 팬들의 청각을 쩌렁쩌렁 울려놓는 저 열정을 어쩌라고. 에너지가 아직 용광로처럼 끓고 있는데 어찌 은퇴를 말하는가. 주옥같은 20여 곡이 반평생을 함께 노래하고 함께 살아온 반백의 팬들에게 몸짓으로 녹아들고 있다. 그녀에게 있어서 지금은 진정 박수를 받을 때였다.

객석에 이 나라의 대표 정객인 박 모 여인이 함께 자리했다. 대선을 앞둔 그미의 행보가 이곳을 찾은 것은 나름의 계산이 깔린 것이라 치부하더라도 3등석에 앉은 모습이 싫지 않게 보였던지 공연이 시작되기 전, 그미를 알아본 관중의 웅성거림과 함께 작은 환호가 일어난다. 하지만 그미도 보았을 것이다, 진정 사람의 마음을 잡을 수 있는 것은 화려한 이력도, 정치 역정도, 일희일비하는 대중적 인기도 아닌, 사람의 마음에 파고들어 상처를 달래주는 한 곡의 노래일 수 있다는 것을.

그녀의 손짓 하나하나에 열광하는 관중을 보노라니 대중체면의 현장에 서 있는 것 같은 감정에 휩싸인다. 무대 말미에 '어매이징 그레이스' 리듬에 맞추어 관중석으로 돌출된 무대를 따라 앞으로 오던 그녀가 걸음을 멈추자 몸이 서서히 솟아오르기 시작하고, 무대에 깔린 하얀 광목이 따라올라 삼각 꼴을 만든다. 모든 조명과 레이저광선이 2만여 시선을 꼭짓점에 이끌어 모은다. 거대한 분화구에서 하늘로 솟아오르는 마그마처럼 그녀는 그 꼭짓점에 서서 '어매이징 그레이스'를 열창한다. 차분하면서도 장중한 곡과 조명이 연출해 내는 미스터리한 분위기는 그녀를 디바의 모습으로 그려내고 있다. 끝없이 이어지는 박수갈채는 그녀에게 지금이야말로 가장 적절한 '박수칠 때'임을 알리는 수신호일까? 클로즈 업 된 화면에서 그녀가 그때 비친 눈물의 의미를 곰씹게 한다. 그녀는 공전의 히트곡 '이별'을 무대에 남겨놓으며 박수갈채 속으로 사라져갔다.

그 무대는 1년 전 일이었다. 그동안 전국을 돌며 마지막무대를 수없이 펼치면서 마지막, 마지막을 고했으리라. 마지막 무대를 일 년 동안이나 가질 수 있는 것도 팬들의 열망 때문이리라. 수많은 세월 쌓아온 무대를 단 한 번에 고별무대로 맞는다는 것은 팬들에게도 너무 아쉬운 일이리라. 그런데 내가 마지막 고별무대에 함께 했던 그 자리에서 또 다시 고별무대를 갖는다고 한다. 이 자리에는 암 투병중이라 걷지 못하는 환자 2,000명도 초대하여 뜻 깊은 고별무대를 갖는다는 기사다. 그녀를 아쉽게 떠나보내야 했던 일 년 전이 떠올랐다. 박수칠 때 떠났던 디바가 다시 돌아와 또 한 번의 박수를 강요하는 느낌을 지울 수가 없었다.

박수칠 때 떠나는 것도 아무나 할 수 있는 일이 아닌가 보다.

척박한 자갈밭에 던져진 하찮은 참외 씨의 발아를 보면서
생명의 존엄성과 살아야 하는 이유를 발견했다고 독자는
소감을 보내왔다.

## 개똥참외 2

 선물은 받는 사람을 달뜨게 한다. 예기치 않은 사람으로부터 뜻밖의 선물을 받았을 때 더 그러하다. 선물 꾸러미를 풀 때는 보낸 이의 마음마저 열리지 않던가.
 사월의 어느 날, 나는 낯선 여인으로부터 귀한 선물을 받았다. 부활절 달걀 서른두 개를 하나하나 색종이에 싸서 예쁜 꽃바구니에 담은 선물꾸러미였다. 달걀들은 노랑, 빨강, 연두, 분홍색의 꽃봉오리 모양으로 석류가 막 터지는 모습을 하고 있었다. 후일에 들으니 독자님은 밤을 꼬박 새워 부활절 달걀 바구니를 두 개 만들었는데, 하나는 김수환 추기경님께, 또 하나는 내게로 보냈다고 한다. 천주교 신자인 그 독자는 내 수필집에 실린 글 중에서 〈개똥참외〉라는 작품이 특별히 가슴에 와 닿았다고 했다. 어려움을 당한 친척에게도 이 책을 보내 위로하고 싶다며 책을 추가로 주문하겠다는 메모도 함께 들어 있었다. 세상에, 추기경님과 함께 라니! 그 귀한 어른과 초라하기 짝이 없는 나를 동일 선상에 올려놓은 것 같아 민망하고, 송구하고 부끄러웠으나 모처럼 글 쓰는 보람이 느껴지는 순간이기도 했다.

작가는 작품마다 심혈을 기울여 퇴고하고 정성을 기울이지만, 그 가운데서도 특별히 애착이 가는 작품은 있기 마련이다. 〈개똥참외〉를 내 수필 작품 중 다섯 손가락 안에 꼽지는 않았는데 그 독자님 때문에 나는 이 작품을 면밀히 되돌아보아야 했다. '어떤 생명도 이유 없이 존재하는 것은 없다. 척박한 자갈밭에 던져진 하찮은 참외 씨의 발아를 보면서 생명의 존엄성과 살아야 하는 이유를 발견했다'고 독자님은 소감을 전했다. 작가가 작품을 세상에 내보내면 작품은 나름의 생명력으로 독자들의 가슴에 파문을 일으키는 모양이다. 그러니 얼마나 진중하게 글을 써야 하는지를 작가 스스로 성찰케 하는 대목이었다. 나는 그 뒤 이 작품을 나의 대표수필 군으로 분류하고 있다.

〈개똥참외〉를 쓰기 1년 전 나는 직원들과 함께 대나무 숲에 둘러싸여 있는 고향 집으로 여름휴가를 갔다. 그때 마당에서 참외파티를 했는데, 흘린 참외 씨가 있었던 모양이다. 이듬해 늦가을, 고향 집 마당에서 어린아이 주먹만 한 노랑 참외가 눈에 들어왔다. 대나무에 둘러싸인 집의 마당은 원래 대밭이었다. 고향 집은 오랫동안 비워 두었기 때문에 마당이 대나무로 꽉 차 있었다. 이 대밭을 일궈 마당답게 쓰려고 공사를 벌였다. 대순은 말 그대로 우후죽순 솟았고, 제초제를 뿌리고 소금을 뿌리는 등 이를 막기 위해 무진 애를 썼다. 대나무 순 나는 것이 잠잠해지자 기다렸다는 듯이 이번에는 잡초들이 차고 올라왔다. 다시 온갖 제초제를 뿌리고, 그 위에 자갈까지 두어 겹 깔아놓았으니 마당은 그야말로 척박한 땅으로 바뀔 수밖에 없었다. 그런 악조건에서도 자갈 틈새를 비집고 숨어든 참외 씨 하나가 이듬해에 발아하였으며, 땡볕에 달궈진 자갈을 뚫고 초겨울이 다 되어서야 노란 열매로 결실을 본 거였다. 이른바 개똥참외였다. 나는 참 기특하다는 생각을 하면서 참외를 매만지다가 결국은 그 참외를 따려고 과일칼을 들이댔다. 순간 나의 왼손이 칼 잡은 오른손을 막았고, 나는 주춤했다. 참외 몸집에 비해 가냘프기 짝이 없는 줄기를 척박한 돌밭 틈새에 뿌리내리고 있는 대견한 모습, 그 질긴 생명력을 보면서 나는 문뜩 글의 실마리를 건져 올린 것이다. 그 독자는 글에 인용된 이 일화를 종교적인 의미로 해석하여 마음이 움직였던 것 같다.

  개똥참외는 수필 작품으로 거듭났고, 내 손을 떠난 그 작품이 독자의 손에서 새롭게 개화하였다. 나의 글 쓴 의도와는 무관하게 독자의 가슴에서 나름의 메시지로 다시 꽃을 피운 것이다. 부활절에 그 독자가 보내 준 선물은 글 한 줄, 한 줄에 작가의 혼이 녹아들어야 하는 이유를 말하고 있었다. 혼은 또다시 포자가 되어 독자들의 마음 밭에 새로운 발아의 에너지가 되어 주리라.

앙트르샤. 열정을 갖고 끊임없이 노력하라는 의미가 담긴 단어이기도 하지만, 도시인들에게 이 카페 앙타르샤는 이미 또 다른 앙트르샤의 경지에 도달해 있는 것이다.

# 앙트르샤

　천사를 마주 보며 주문할 때는 기죽지 말고 또박또박 메뉴를 말해야 한다. 그녀는 손님의 입 모양을 보고 소통하기에 그렇다. 인형의 집 같은 문을 밀고 들어서면 아담하게 열린 주방이 나타나고, 앞치마를 두른 천사가 활짝 웃어 맞는다.

　천사를 본 적은 없지만, 그녀의 맑은 눈, 해맑은 미소를 대하노라면 천사가 따로 있을까 싶었다. 그녀 뒤편으로는 여러 종류의 커피 메뉴와 이 카페의 자랑거리인 직접 갈아주는 청포도 주스 메뉴판이 눈에 띈다. 천사는 수화 무용수인데 한국 장애인 예술단원으로 파리의 무대에도 섰던 예술인이다. 이 조그만 카페에는 12개의 좌석이 있고 이따금 장애인 손님들도 오지만 '순수에 굶주린 도시 직장인들'이 점심시간을 전후하여 많이 찾아든다. 이 카페에서의 차 한 잔을 오아시스에서의 물 한 모금 같이 느끼는 나와 같은 생각을 하는 것일까? 작위적이지 않고 순수한 인테리어, 문 밖까지 나온 테이블과 의자, 하트 모양의 메모지 판 등, 자연 친화적인 카페의 입구부터 그렇고, 카페 주인의 환한 미소가 그렇다.

그녀는 발레를 배울 때, 공중에 뛰어오른 동안 두 발이 교차하는 앙트르샤 동작을 유독 잘했다고 한다. 그래 바리스타 자격증을 취득하여 카페를 차릴 때 앙트르샤를 카페 이름으로 하고 싶었으나 발음이 어려워 앙타르샤로 표기하게 되었다고 한다.

나는 내 책과 함께하는 퍼포먼스를 통해 장애인들과는 특별한 관계를 맺어오고 있었다. 나는 천사에게 이 카페에서의 퍼포먼스를 제안했고, 몹시 추웠던 지난 겨울 어느 날, 좁은 카페에는 20여 명의 장애인들이 찾아와 두 시간 동안 나와 퍼포먼스를 함께했다. 그 뒤로 나는 내 손님들과는 꼭 이 카페에 들르고 있다. 카페에 마련된 방명록에는 이곳에 들러 마음의 평화를 찾았다는 사람들의 육필 흔적이 두툼한 노트 두 권에 들어있는데, 내 손님들 마음도 꽤 실려 있다. 방명록에 쓴 메모 중 눈에 띄는 글 두 편을 옮겨본다.

- 앙타르샤! 지나다 우연히 들른 카페인데 사장님 아주 착하시고 분위기도 짱 좋아요. 곡도 잘 써지는 곳! 담 주에도 올게요 - 미래의 작곡가 유망주 올림.

- 진짜 눈처럼 아름다운 인연. 하지만 사람들은 이 아름다운 인연을 손에 꼭 쥐고 집착으로 만들고 말죠. 눈은 손에 쥐고 있을수록 녹아버린다는 것

을 잊고……. 아름다운 인연일수록 소유하려 하지 마십쇼. 때로는 놓아주어야 더 아름다운 인연인 것을 -

　어느 날, 나는 근처에서 대학 동기 모임을 가진 뒤 이곳에 들러 나의 퍼포먼스가 이 카페에서도 있었다는 말을 전했다. 친구들은 방명록에 저마다의 방문 소감을 올렸고, 특히 시각장애인 쳄버 오케스트라를 맡고 있는 한 친구는 장애인들을 위한 나의 퍼포먼스에 마음이 동하는 모양이었다. 독실한 신앙인인 그는 '좋은 일에는 좋은 일이 더하는 법이고, 요즘은 하늘의 응답이 훨씬 더 빨라졌다'는 의미 있는 말을 남겼다.

　며칠 뒤, 그 친구는 미국에서 온 손님과 함께 앙타르샤를 방문하고 싶다며 시간을 좀 내라고 했다. 다음 날 친구와 함께 온 사람은 재미교포 사업가인 토다이 코리아의 회장(Hans Kim)이었다. 우린 근처 주꾸미 요릿집에서 간단하게 점심을 한 다음 앙타르샤에 들렀다. 토다이 코리아 회장은 커피를 들면서 앙타르샤의 천사에게 한 가지 제안을 했다. 장애인 열두어 명을 모아달라고, 한국에 있는 토다이 뷔페 전 매장에 장애인을 한 사람씩 채용하겠노라며 즉석에서 토다이 인사담당자에게 전통을 넣고 있었다. 그는 채용할 장애인들의 인적사항을 전공별로 나누어 몇 명씩이 필요하다는 구체적인 사항을 알려주고 떠났다.

　한국 재활복지대학에서 배출하는 졸업생 중에서 해마다 한 과에 몇 명이나 취업이 될까? 국가에서 정해 준 사업장의 장애인 고용기준은 있으나마나이고, 더구나 장애인들의 취업이야말로 바늘구멍 뚫기라서 그들에게 졸업은 새로운 출발이 아니라 삭풍이 이는 벌판으로 내몰리기나 마찬가지였다. 학생들이 의도적으로 과목낙제를 하여 졸업을 한 해 한 해 미루는 이유가 그것이었다. 그러니 열 명이 넘는 장애인을 채용하겠다는 것은 예삿일이 아니었다. 천사는 장애인들 커뮤니티를 통하여 이력서를 모아들여 보냈다. 지금은 최종 8명이 취업하여 토다이에 근무하고 있으며, 몇 명은 전공이 달라서, 혹은 근무지가 멀어서 보류하였다고 한다. 친구의 말대로 하늘의 응답이라면 너무 빠르고 큰 응답이었다.

어느 날 복지대학교 제자와 앙타르샤에 들렀을 때 그녀는 내게 작은 선물을 전해 주었다. 겨울용 가죽 장갑이었다. 따뜻한 정이 담긴 정말 따뜻한 선물이었다.

불어 'Entrechat(앙트르샤)'는 발레용어로 공중으로 뛰어올라 있는 동안 두 발로 교차하는 고도의 춤동작이다. 부단히 뛰고 노력을 해야 앙트르샤를 뛸 수 있다고 하니 완성도가 극점에 달하는 예술의 경지일 게다. 열정을 갖고 끊임없이 노력하라는 의미가 담긴 단어이기도 하지만, 도시인들에게 이 카페 앙타르샤는 이미 또 다른 앙트르샤의 경지에 도달해 있는 것이 아닐까? 좋은 일에는 늘 좋은 일이 더하는 것 같다.

덕, 덕분에

*8* 폭탄 돌리기
*9* 원 달러의 미소
*10* 얼차려 소대장
*11* 춘절 낙엽
*12* 두렵고 두렵다
*13* 덕, 덕분에
*14* 명달리 고개를 넘어서

폭탄이란 것이 눈이 달려있어서 아군과 적군을 가려 떨어지는 것도 아니니 얼마나 섬뜩하겠습니까?
그런데 폭탄이 우리 주변에 실제로 날아다닌다고…….

## 폭탄 돌리기

봄볕 따사롭게 피어나는 화단에 어린 소녀가 앉아 있습니다. 하얀 꽃들 사이로 나비가 훨훨 춤추는데 소녀의 얼굴은 어둡기만 합니다. 예쁘고 착해만 보이는 소녀는 앞에 핀 꽃가지를 노려보더니 선뜻 꺾어 손아귀에 쥡니다. 소녀는 이를 앙다물며 주머니에서 카터를 꺼내 꽃잎을 하나하나 잘라버립니다. 그리고 눈을 질끈 감더니 카터 날을 자기 손목에 갖다 댑니다. 카터 날이 여린 살을 베어 나갈 때 선홍색 핏물이 뚝뚝 떨어져 꽃잎을 물들입니다.

댁에 중학생 아이를 두셨다면 'IBM'이 무슨 말이냐고 한번 물어보십시오. 아이의 대답에 놀라실 겁니다. 세계적인 전자회사 이름? 아닙니다. 아이들에게 IBM은 '이미 버린 몸'의 약칭입니다. 중학생 나이에 벌써 자기 몸을 포기해 버렸다는 말이 됩니다. 그런 말을 수시로 입에 담는 청소년들이 많이 있습니다. 또 있습니다. 찐찌버거는 '진짜 찌지리, 버러지, 거지 같은 놈'을 지칭하는 말입니다. 이 외에도 '꼬댕이'는 공부도 못하면서 놀지도 못하는 학생을, '깔따구'는 남자 친구, '깔'은 여자 친구를 지칭할 때 즐겨 쓰는 은어입니다. 이외에도 폭탄 돌리기, 칼빵, 왕따 등과 같은 과격한 은어가 일선 학교에서까지 흔하게 오르내리고 있는 게 현실이니, 듣는 것만으로도 섬뜩합니다. 이제 나이 열두어 살 먹은 청소년들 이야기입니다. 이러한 우리 아이들의 은어 세계를 어른들은 얼마나 알고 있을지요. 중학생은 감성의 발아기에 있는 청소년층입니다. 감추고 싶은 것이 많아지는 시기에 그들만의 언어가 은어의 형태로 자생하는 것이겠지요. 은어는 이처럼 특수 계층에서 은밀하게 생성되며 나름의 순기능이 없진 않으나 대부분이 부정적 의미라는 데에 심각성이 있습니다.

전쟁이 난 것도 아닌데 머리 위에 폭탄이 날아다닌다고들 야단입니다. 폭탄이란 것이 눈이 달려있어서 아군과 적군을 가려 떨어지는 것도 아니니 얼마나 섬뜩하겠습니까? 그런데 폭탄이 우리 주변에 실제로 날아다닌다고 하니 그 폭탄, 우리가 피할 수나 있을지 걱정입니다.

문제가 된 학생을 다른 학교로 전학시키면, 그 학교에서 또 다른 학교로 전학시키고 이렇게 문제 학생을 계속 다른 학교로 떠넘기는 것을 빗대어 '폭탄 돌리기'라 합니다. 이걸 몇 번 당한 학생이냐에 따라 이를테면 '폭탄 돌리기 3회' 등으로 일컬어진다고 합니다. 말 그대로 언제 터질지 모르는 학생을 이 학교에서 저 학교로 계속 돌리기만 하면 그 학생은 어디에선가는 터지고 말겠지요. 그러니 학교에서는 이런 학생을 품을 수 없어 오는 즉시 다른 학교로 넘김으로써 그 학생이 자기 학교에서 폭탄이 되어 터지는 것을 모면하려 든답니다. 만일 문제의 학생을 잡아두다가 터지는 날에는 학교가 언론에 오르내리고, 담임선생과 교장이 경찰에 불러가야만 하니 우선 피하고 싶을 겁니다. 그러니 그 학생은 어떻게 되겠습니까? 어릴 적부터 범죄자의 낙인을 찍어두면 그 아이는 평생을 사회에 대한 분노와 적의에 차서 살아갈 것이며 아이가 크는 것은 폭탄을 키우는 꼴이 되어 그 뒷감당은 결국 사회가 떠안게 됩니다. 아직은 너무 어린 여중생들까지 '칼빵'이라는 말을 스스럼없이 입에 달고 있고, 걸핏하면 죽어버린다는 말을 하고, 자해를 서슴지 않는 현실이 우리의 귀한 자녀들이 다니는 교육 현장이라니 어쩌면 좋습니까.

　문제가 된 한 여중생의 집안 사정을 들어봅니다. 집은 가난하고, 가난 때문에 부모가 이혼을 했고, 두 부모 사이에서 어린 학생은 갈피를 못 잡습니다. 혼자된 어머니는 돈벌이를 위해 집을 비우는 날이 허다하고요. 수업을 마친 학생은 돌아갈 집이 가정답지 못하니 이곳저곳을 떠돌다가 결국 나쁜 친구들을 사귀어 폭력의 가해자그룹에 끼게 됩니다. 마음잡고 학교에 가도 경제적으로 부유한 아이들이 상대적인 결핍감을 조장하고, '일진'에 끼지 않으면 왕따를 당하기에 십상이니 어린 학생은 매사에 분노만 키워갈 것입니다. 어느 날 '죽어버리면 깨끗하다'는 친구의 말을 듣고 손목을 칼로 그었으나 너무 아파 미수에 그칩니다. 소위 '칼빵'을 한 학생입니다. 이 학생은 결국 전학처분을 받아 다른 학교로 옮기게 되며, 이때부터 폭탄이라는 수식어를 등에 걸머지고 이 학교 저 학교로 핑퐁처럼 옮겨 다니게 되는 것이지요. 이런 과격한 은어가 일선 학교에서까지 흔하게 오르내리고 있는 게 현실이니, 듣는 것만으로도 섬뜩합니다.

한편, 어려서부터 과보호를 받고 자라는 일부 부유층 자녀들도 문제입니다. 부족함이 없이, 세상에서 하나밖에 없는 공주님, 왕자님으로 온실 안에서만 애지중지 자랐기에 이들은 학교라는 작은 사회에서부터 유아독존으로 군림하려 듭니다. 사회성이 모자란 이런 학생들은 가난한 학생들을 곧잘 따돌리며 학교폭력의 주역이 되면서도 자기들의 잘못을 전혀 모르는 경우가 많습니다. 감수성이 예민한 또래들에게는 하찮은 것도 큰 상처가 되고, 급기야 목숨을 끊는 일조차 일어납니다. 가해자, 피해자라는 법률적인 수식어를 달기에는 아직은 너무 어린 학생들입니다. 가해 학생이라고 처벌을 한 들 그 책임이 끝나지도 않을뿐더러 자기 잘못이 무엇인지를 모르는 채 처벌을 받은 학생은 또 다른 피해자일 뿐입니다. 어처구니없게도 우리 사회는 어린 범법자들을 양산하는 시스템을 함정처럼 구축해 놓고 기다리고 있는 꼴이 되어버렸습니다. 따지고 보면, 우리 사회가 져야 할 짐이고, 이 모든 일의 근본은 부의 편재에서 비롯된다는 자각을 아니 할 수 없게 됩니다. 부의 편재!

부의 편재, 어찌하여 우리 사회는 대다수의 가난한 사람은 가난만 대물림하며 극소수의 부자는 부만을 대물림하는 구조가 되어버렸을까요? 부자와 빈자의 끝없는 대결! 그리하여 감수성이 예민한 어린 청소년들이 상대적 빈곤감 때문에 자신을 이미 버린 몸으로 처신해야 하는 안타까운 모습들! 우리는 언제까지 청소년 세계의 이런 현상을 뒷짐 지고 바라보아야만 할까요. 더욱이 세월호 참사를 접한 뒤로는 이젠 어른들 말을 가만히 듣고만 있지는 않겠다는 청소년들이니 말입니다.

  청운의 꿈을 펼쳐나가야 할 아이들에게 미안한 일들만 일어나는 불안한 사회, 지금도 머리 위에는 수시로 폭탄이 날아다니고 있습니다. 그들을 이끌어 주어야 하는 교육현장의 어른들은 그 폭탄이 어디서 터질지 몰라 전전긍긍하고만 있습니다. 세상 참 안타깝고 두렵기만 합니다.

그 결과 인분학이 쇠퇴한다면 그들도 결국에는 돌이키기 어려운 재앙을... 그들이라도 제발 뜨거운 가슴을 잃어버린, 껍데기만 황금 더께가 덧씌워지는 우를 범하지 말기를 바래본다.

## 원 달러의 미소

"원 달러!" "원 달러!"

　천진한 눈동자의 아이들이 가는 곳마다 손을 내밀지만 눈빛은 선하게 반짝거린다. 수제(手製) 팔지 묶음을 들이밀며 원 달러를 외치는 아이, 등에 안마를 해 주며 원 달러를 달라는 아이도 있다. 토늘 삽(Tonle Sap) 호숫가에서는 우리나라 노래를 꽤 많이 알고 있는 꼬마가 시키지 않은 한국 노래 서너 곡을 잇달아 부르더니 손을 내민다. 어딜 가나 똑같은 '원 달러' 소리에 주눅이 든 일행이 아예 딴청을 하면, 노래를 들었으니 노래 값을 내란다.

　한 아주머니는 '예뻐요, 참 예뻐요, 에스라인 참 예뻐요, 원 달러!' 하는 바람에 원 달러를 기꺼이 주고 말았다고 웃어 재낀다. 어린애를 안고 손을 벌리는 아기엄마도 있고, 채 3살이 안 돼 보이는 아이 입에서 '아저씨 미남이에요, 원 달라!'가 녹음된 말처럼 나오기도 한다. 우리는 이미 십여 차례나 원 달러를 주었기 때문에 더는 줄 잔돈도 없을 터였다. 그러나 녀석들은 한 사람의 관광객을 찍어 집요하게 물고 늘어졌고, 얼굴이 귀여워 카메라도 들이대다간 영락없이 모델료 원 달러를 내야 한다. 그래도 이들의 표정은 한결같이 천진했고, 표정을 살펴 즉시 포기할 줄도 알았으며, 뒤에 대고 잘 먹고 잘살라는 식의 뒷말을 붙이지도 않았다. 가만히 보니 하다못해 예쁜 미소라도 보여주는 이 아이들은 대가 없는 구걸은 절대 하지 않는 것 같았다.

캄보디아 사람들은 대체로 키가 작고 생활이 궁핍해도 표정이 밝았다. 손재주가 뛰어나서 한때 민족 중흥기에는 이탈리아의 로마 유적을 능가하는 거대한 유적군 앙코르와트를 탄생시킨 위대한 민족의 후손들이다. 하지만 지도자의 능력에 따라 백성들 삶의 질은 달라지게 마련인 것, 지금은 국민소득이 태국의 10%밖에 안 되는, 지구 상 최빈국 대열에 부끄러운 이름을 올리고 있다. 그래도 여느 동남아 사람들처럼 찌들어 보이지도 않고 행복해 보이기만 하니 웬일일까. 국민소득 3만 불을 향해 달리고 있는 우리가 이들보다 70배나 행복하게 살고 있는지 생각하게 하는 표정들이었다. 달러 값이 내려 쉽게 여행 와서 못 사는 나라 위로한답시고 달러나 펑펑 쓰는 우리가 이들보다 70배는 더 행복한 사람들일까?

곳곳에 보이는 한글 간판, 아리랑과 강남스타일과 젠틀맨이 코리안 스페셜 무대로 꾸려지는 유명 쇼, 돈의 가치 차이에서 느껴지는 우월감과 고층 빌딩 숲 등 우리에게는 상대적인 행복을 충족시켜주는 요소가 분명히 있다. 그러나 어렵게 살아가는, 이들이 지닌 천진한 미소는 그 가치가 달라 보였다.

현지인 주거시설을 들여다보는 기회가 있었다. 안내인은 미리 과자 봉지를 한 보따리 사서 일행에게 들고 가다가 맘에 드는 아이한테 주라고 일렀다. 열대 지방 특유의 나무로 지은 판잣집들이 개울 옆으로 줄지어 들어서 있었고, 우리의 방문을 알아 차린 현지인들이 멋쩍게 관광객을 맞아 주었다. 아이들이 몰려들었다. 개울 건넛마을에서도 아이들이 건너왔다. 하지만 아이들의 표정은 배고파서 쪼들리는 표정들이 아니라 마을에 방문한 이국 사람들을 구경하는 표정들이었다. 준비해간 과자 봉투가 모자라 못 받은 아이들은 아쉬워했지만 실망한 얼굴들이 아니었다. 그들은 마을에 찾아온 손님들을 그저 반길 뿐이었다. 이웃 간에 높은 담이 없이 정 나누며 티격태격 거리면서 살아가는 이들의 모습에서 치열한 생존 경쟁의 흔적은 볼 수 없었다. 누가 행복지수를 논할까. 캄보디아는 행복 지수가 상대적으로 높은 부러운 최빈국이었다.

    그들이 일궈 낸 앙코르와트 유적군의 석조 문화는 이탈리아의 고대 로마 유적을 능가하는 규모였다. 콧대 높은 서구인들이 서남아시아 최빈국의 정글 숲에서 발견한 이 거대한 유적군을 보고 비로소 동양의 문화를 다시 평가하기 시작하였다는 말도 있다. 국운이 왕성하던 12세기 후반 왕조 시대에 태국과 라오스 등 인접 국가들에 위세를 떨쳤던 이들은 찬란한 문화유산을 남겼고, 나라가 쇠망 일로에 접어들어 수 세기를 역사 속에서 사라졌다가 프랑스의 지배, 일본의 침략을 거푸 받는다. 이후 '폴포트'라는 세기의 압정이 들어서 자국민 30%를 죽였다는, 소위 '킬링필드' 오명을 세계사에 남긴 캄보디아는 비로소 입헌 군주제하에 백성을 위하는 나라로 기틀을 다시 잡아가고 있다. 천혜의 자연과 왕조 시대의 찬란한 문화유산이 관광 자원화하여 나라의 위상을 일으키고 있고, 무엇보다도 심성이 맑은 이 나라 국민들이기에 훌륭한 지도자가 다시 나타나 번영의 길로 이끌어 준다면 지금 만났던 예쁜 아이들의 미소에 답하는 일이 될 수 있을 것이라 생각해 본다.

호텔에서 일하는 시토(Sito)라는 청년과 이야기할 기회가 있었다. 저녁 시간에 아르바이트를 하는 대학생인데 경영학을 공부하고 있었다. 아버지는 일찍 여의고, 궁핍한 살림에 동생들 3명을 부양하는 어머니를 돕기 위해 아르바이트를 하면서 꿈을 키워가고 있었다. 그의 얼굴에도 늘 천진한 미소가 아름다운 낙인처럼 피어났다.

"우리는 한국을 배워야 해요."

나는 이 청년의 눈빛에서 캄보디아의 밝은 미래를 읽었다. 이 나라에 부를 가져오려면, 그들이 한국을 배운다면 공업화를 거스를 수는 없을 것인데, 공업화는 필연적으로 정서적 궁핍을 동반하게 된다. 그 결과 인문학이 쇠퇴한다면 그들도 결국에는 돌이키기 어려운 재앙을 안게 될 것이 아닌가. 그들이라도 제발 뜨거운 가슴을 잃어버린, 껍데기만 황금 더께가 덧씌워지는 우를 범하지 말기를 바란다.

불붙은 내 고함이 깜깜한 계곡으로 매트리스와 함께 굴러 내린다.
어둡고 차가운 겨울 산 정상에서 불과 연기에 뒤엉켜 이리 뛰고 저리 뛰는
병사들을 수많은 별빛이 초롱초롱 내려다보고 있었다.

# 얼차려 소대장

　사람들은 내 인상이 좋다고들 하지만, 올처럼 유난히 추운 겨울이면 내 좋은 인상만 믿다가 초주검이 되어버린 옛 동료들 생각에 헛웃음이 난다.
　중부전선의 겨울. 우리 부대의 주둔지는 높은 산 아래 계곡이었다. 우리 소대는 북한의 소형 정찰기 침투에 대비하여 고지대 경계근무에 차출된다. U-2기라 불리는 이 정찰기는 레이더에는 잡히지 않기 때문에 특히 야간 경계가 중요했다. 부대원들을 이끌고 가파른 산 정상까지 오르는 데 힘에 부쳤지만, 찬바람 때문에 땀 한 방울이 나지 않는다. 하얀 입김은 방한모 깃털에 얼음 가시로 돋아나고, 소변 줄기는 바닥에서부터 고드름으로 솟아오른다. 산꼭대기의 체감 온도는 영하 38도. 대원들의 뺨은 발갛게 익은 감이 가시에 긁힌 듯 보였는데, 이 추위를 막아내기 위해 우선 소대 텐트를 설치해야 했다.
　땅을 평평하게 고르고 열기가 골고루 통하도록 호를 구불구불 팠다. 아궁이를 만들고, 판판한 돌로 구들장을 놓는다. 구들 위에는 흙을 두텁게, 그 위에 낙엽을, 시루떡을 안치듯 다시 흙을 덮은 다음 매트리스를 깔았다. 마지막으로 이십여 명을 수용할 수 있는 대형 몽골 텐트를 덮어씌운다. 아궁이에 불을 지피면 구들장이 달궈지면서 매트리스로 온기가 올라와 텐트 안 온도는 서서히 상승하게 된다.

  밤이 이슥해지니 대지의 산등성이들은 거대한 검은 괴물로 변하고, 하늘에서는 차가운 별빛이 뚝뚝 쏟아져 내리는 듯하다. 불 당번과 경계병을 지정하여 교대로 근무하도록 당부한 다음 소대장의 개인용 텐트로 들어온다. 선임하사에게는 새벽 세시에 깨우라고 당부했다. 당번병은 매트리스 두 장을 포개어 깔더니 위에 모포 두 겹을 더 깐다. 내가 드러눕자 수통을 건네준다. 끓는 물을 채웠는지 수통이 뜨겁다. 수통을 안고 눕자 모포를 겹겹이 덮어 살아 있는 미라를 만든 다음 밖으로 나가 텐트 자크를 채운다. 소대장은 별도의 온돌을 설치할 수도 없으니, 뜨거운 수통이야말로 각별한 난방장치이다.

  추위에 떨면서도 두 손으로 받쳐 든 얼음을 어쩌지 못하는 꿈을 꾸다가 눈을 떴다. 어둠 속에 귀울음이 요란하다. 손에 차가운 것이 느껴져 확인해 보니 그새 수통의 물이 얼어버렸다. 꿈속에서처럼 얼마 동안은 얼음덩이를 안고 잠을 잤던 셈이다. 아랫배에 품은 따뜻한 수통 때문일까, 나는 쉽게 잠에 빠졌던 것 같다. 아뿔싸! 시침이 벌써 새벽 다섯 시를 지나고 있었다. 일어나야 할 시간을 두 시간이나 지나다니. 나는 텐트를 박차고 밖으로 나온다.

경계병, 경계병은 어디 있나? 사위가 쥐죽은 듯하다. 선임하사까지 잠들어버렸나? 상급부대에서 이를 안다면 근무를 소홀히 한 지휘책임을 면치 못할 일이다. 선임하사, 경계병을 찾는 내 목소리는 어둑한 산과 계곡으로 쩌렁쩌렁 메아리친다. 그때, 소대 텐트 문을 젖히면서 두 병사가 총을 들고 후다닥 뛰쳐나온다. 너무 추워 텐트 안에서 몸을 녹이고 있던 것일까, 그러나 놀라운 것은 텐트 문을 열 때 병사들을 따라 뿜어져 나온 연기다. 하얀 연기가 물컥물컥 검은 하늘에 반짝이는 별들을 지워나가는데, 연기 속에서 잠든 병사들을 생각하니 정신이 번쩍 난다. 전원 기상! 선임하사 어디 갔나? 즉시 기상하라!

나는 호루라기를 불어대면서 서둘러 텐트 문을 젖힌다. 잠결에 놀란 병사들은 쿨룩거리며 막사에서 뛰쳐나오고, 어떤 병사는 연기에 취해 다리가 비틀거린다. 어디서 나타났는지, 철모도 안 쓴 선임하사가 다급히 다가오면서 부대구호 "백골!"을 외친다. 백골이고 천골이고, 소대원들 다 불고기 만들 작정이냐? 빨리빨리 텐트부터 거두라!

매트리스를 들어 올리니 밑 부분은 온통 벌겋게 불이 붙어 있다. 대원들은 매트리스를 밖으로 내던지고, 불을 끄고, 옷을 챙기며 난리 법석이다. 대체 이 안에서 어떻게 잠을 잘 수 있었을까. 전날 온종일 힘들게 작업하느라 많이들 지친 데다 따끈따끈한 온돌에 몸이 풀어졌으니 불이 난들 알았을까. 정말 다행인 것은 화상을 입은 병사 한 명 없다는 것이다. 대원들은 아닌 새벽에 불을 끄느라 혹한 추위도 깡그리 잊고 이리 뛰고 저리 뛴다. 둥글게 말려지면서 타고 있는 매트리스를 한 병사가 텐트 밖으로 밀쳐

낸다. 순간 매트리스 불덩이가 계곡 쪽으로 굴러가면서 주변 마른 나뭇가지들에 불씨를 놓는다. 산불이 나면 걷잡을 수 없는 사태가 될 것이다.

저 매트리스를 잡아라! 산불로 번지지 않도록 해라. 깜깜한 계곡으로 불붙은 내 고함이 매트리스와 함께 굴러 내린다. 어둡고 차가운 겨울 산 정상에서 불과 연기에 뒤엉켜 이리 뛰고 저리 뛰는 병사들을 수많은 별빛이 초롱초롱 내려다보고 있었다.

뒤로 취침! 기상! - 뒤로 취침! 기상!
다섯 명씩 한 조가 되어 어깨동무하고 산꼭대기에서 지대가 낮은 쪽으로 몸을 뒤로 뉘었다가 일어나기를 반복한다. 호흡을 맞춰 동시에 일어나기도 어려울뿐더러 지친 동료까지 들어 올려야 하는 이 얼차려는 가장 고통스러운 단체기합이다. 대원들의 얼차려는 그날 아침 7시부터 저녁 5시까지 이어졌다. 55분이 지날 때마다 5분간 휴식을 주었으니 정규 일과를 얼차려로 대신한 것이다. 계속된 얼차려에 대원들은 초주검이 되었다. 그 일은 내가 소대장으로 부임하고 나서 3개월이 지날 때 일어났다. 나는 부대원이 한 가족 같이 되길 바랐다. 하지만 이번 일은 나의 부드러운 이미지가 소대원들의 기강해이를 자초한 것은 아닌지 돌아보게 했다. 결국 나는 얼차려 소대장이라는 별명을 얻게 되는데, 내 얼굴까지 달라져 보였을지 지금도 궁금하다.

그 시절로부터 강산이 네 번째 바뀌고 있다. 가장 혹독한 추위 속에서 뜨거운 불길과 맞섰던 얼차려의 추억, 젊음을 함께 했던 당시의 소대원들은 어디에서 어떤 모습으로 나를 기억하고 있을까.

그 폭죽 소리는 너무나 큰 땅덩어리, 넘치는 인력과 잠재된 자원을 가진
거대 국가가 잠에서 깨어나는 소리다. 사람이 무기가 되어 세계를 몰아부치는
소리기도 하다.

# 춘절 낙엽

타타타타타타, 투앙- 쿵 -

가까운 곳에서 시가지 전투라도 벌어지고 있는 것일까? 혹 전쟁이라면, 이 소리는 바로 호텔에 전투병들이 들이닥치며 쏘아대는 총성이 아닐까? 커튼을 친 창가로 번개가 번쩍거리고, 총알을 쏟아 붓는 기관총 소리와 크고 작은 포탄 소리가 멀리서 가까이서 귀청을 넘나들고 있다. 비몽사몽간에 보이는 듯 들려와 잠을 설치게 하는 총소리에 눈을 뜬다. 꿈이 아니었다. 커튼을 젖히자 밤하늘 가득 피어오르는 불꽃 파편들이 창 가득히 달려든다. 총소리가 잠시 멎는 사이에 해안선을 따라 끝없이 깔린 고층건물의 불빛들이 거대 해안도시의 야경을 점화시켰고, 또다시 군데군데에서 요란한 폭죽 소리가 먹먹한 밤하늘을 쾅쾅 울린다. 폭죽으로 점령된 하늘은 차

즘 불바다가 된다. CNN을 통해 보았던, 바그다드를 초토화하던 미군의 포격이 오버랩 된다. 하지만 도시의 모습은 전혀 일그러지지 않는다. 오히려 포연은 더 많은 불꽃을 피우고, 빌딩들은 불꽃 섬을 이뤄 바다에 투영된다. 하지만 폭음의 환호성을 지켜내는 해변의 물결은 그들만의 만만디를 드러내듯이 속 깊은 강물처럼 잔잔하기만 하다.

춘절을 맞아 철시된 시내에 인적은 보이지 않고, 폭죽으로 밤을 밝히는 도시의 야경이 전쟁과 평화의 이미지를 동시에 보여주는 듯하다. 정말 전쟁이 일어나 폭죽이 포탄이 되고 도시가 불바다가 된다면, 그땐 사람들이 이리 뭉치고 저리 뭉쳐 돈 비린내, 피비린내를 풍기면서 아름다운 야경을 아비규환으로 만들지 않을까.

뒤늦게 개발이 진행 중인 중국 산동성의 '연대'와 '청도'는 젊은 도시다. 잘 정돈된 시가지와 독특한 고층 건축물들이 아름다운 스카이라인을 그려낸다. 서해를 가운데 두고 우리나라와 마주하는 이곳은 중국의 동해이다, 해변의 야경은 바다에 투영된 불빛으로 끝없이 뻗은 불빛 레일을 연상시킨다. 해변호텔이나 레스토랑, 시가지에서 만나는 중국인들의 표정도 밝다. 갑자기 불어난 부(富)와 다가오는 올림픽이 그들의 얼굴에서 어둠을 몰아낸 것일 게다. 그러나 어설픈 자본주의 도입으로 부는 소수에게만 쏠려 있고 국민소득은 매우 낮아 대다수의 민초들은 가난에 허덕이고 있다. 그래도 만만디 해변은 밤마다 호화롭게 피어났고, 서민들의 애환이 잠겨든 해변의 물결은 잔잔하기만 하다.

중국인들은 춘절이면 으레 폭죽 터트리는 소리로 악귀를 쫓는다고 한다.

도로에는 붉은 폭죽의 잔해가 낙엽처럼 쌓인다. 그것은 가진 자의 잔치 뒤에 남은 검붉은 유기물처럼 보인다. 총격전을 방불케 했던 수많은 총성과 포탄 터지는 소리를 환호로 즐기는 소수 부유층. 소수라 해도 오천만이 넘는 그들의 환호성은 중국의 명분이 되어가고 있다. 그 폭죽 소리는 너무나 큰 땅덩어리, 넘치는 인력과 잠재된 자원을 가진 거대국가가 잠에서 깨어나는 소리이다. 사람이 무기가 되어 세계를 몰아붙이는 소리이기도 하다. 문득, 현지에 거주하는 교포의 말이 떠올라 마음이 무거워진다.

"경찰국가라는 명분마저 기대할 수 없는 나라, 중국이 현재의 미국 같은 세계 일등 국가가 되는 일은 없었으면 합니다. 중국인들에게는 오직 자신들만 있기에."

*12*

이제 참으로 두렵습니다.
내가 자연의 부속물로 돌아간다 해도 그 결말이 두렵고, 하나님이 계셔서
그 앞에 단죄를 받는 모습을 상상해도 두렵기만 합니다.

## 두렵고 두렵다

　세상은 기적으로 가득합니다. 겨울 동안 삭막했던 대지에 어김없이 피어오르는 봄꽃들, 하찮은 미물들에 새겨진 아름다운 무늬, 놀라운 자연의 질서가 나를 놀라게 합니다. 사람들에게 잠재되어 있는 무한한 능력 또한 기적이니, 어딘가에서 이 모든 것을 가능하게 만드는 컨트롤타워가 반드시 있을 것 같습니다.

　생을 마감하는 이 시간까지 줄곧 놓을 수 없었던 내 의문은 정말 그런 절대적인 존재가 있느냐 하는 것이었습니다. 이제 그 의문이 풀릴지, 아니면 나라는 인간도 그저 수많은 자연물 중의 하나로 사라지고 마는지, 마지막 순간에도 궁금증은 끝이 없습니다. 생이 끝나는 지금이야말로 내 의문의 종결점이 될 터이지요. 어떤 사람은 이 문제를 스스로 해결하여 그에 맞는 생을 꾸려가고 있습니다. 부럽기 한이 없는 일입니다. 절대적인 존재가 실재한다는 확신이 섰다면, 상대적으로 하찮은 존재인 나는 그의 섭리에 걸맞은 생을 살아가려 노력했을 것입니다. 그랬다면 생의 마지막에 선 지금의 내 모습은 달라졌을 것입니다.

학창시절, 나는 예수쟁이였습니다. 그리고 청년기까지 내 믿음에는 변함이 없었습니다. 그러나 내 인생관의 가림막이 되었던 '신앙'은 믿음이 더 강해 보이는 '사람들'의 처세를 보면서 흔들리게 되었습니다. 예수의 생애와 부활에 대한 근본적인 의문이 생겼고, 진화론에 설득되면서부터는 불교에 대한 관심이 더 높아지기도 했습니다. 불교나 기독교에도 깊이 빠져들지 못한 상태에서 나는 결국 종교를 종교 위에서 내려다보는 불경죄까지 짓기에 이르렀습니다. 그러니 성경적으로 보면 인간적인 교만의 극에 달했던 셈이지요.

나는 창조론 적인 입장이 아니라면, 어차피 자연으로 회귀할 몸입니다. 어쩔 수 없이 수많은 무신론자 중 한 사람이 된 것이지요. 그렇게 내 사는 시각이 정해지니, 내 입에서는 종교인들에 대한 비판적 언사가 때도 없이 나오기 시작하였습니다. 마치 그 사기집단에 미혹되었던 시절에 대해 보복이라도 하는 모양새로. 일종의 보상심리였을까요? 종교 방송에 출연하여 '이렇게 살아라, 저렇게 살아야 한다'를 외치는 사람들이 다 말 잘하는 사기꾼처럼 보였고, 수십만 신도들한테 '사죄'하는 모 교회의 목사를 보면서, 그들을 떨치고 나온 자신이 다행스러웠습니다. 밤에 눈을 들어 사방을 보니 붉은 십자가가 수십 개에 달했고, 부자들의 턱밑에 빌붙어 사는 빈민촌에서도 교회들만 부자가 되어갔습니다. 상상을 초월하는 규모와 시설로 신도들을 끌어 모으고, 그 성소에서 온갖 종류의 '비즈니스'를 엮고 있는 교회당들을 보면서 성서 시대의 소돔과 고모라를 연상하지 않을 수 없었습니다.

　불교도 재물 앞에서는 다를 바 없어 보였지요. 종교가 이 사회에서 수행해내는 순 작용은 마땅히 있을 것인데, 내 눈에는 어찌 비리들만 들어왔던지. 삐딱해진 시선은 뇌에 종교를 멀리하라는 정보만 보냈던 것 같았습니다. 그리고 약한 사람들에게 신을 팔아 치부하는 행위야말로 가장 사악한 짓거리라는 생각을 하게 되었고요.

　이제 참으로 두렵습니다. 내가 자연의 부속물로 돌아간다 해도 그 결말이 두렵고, 하나님이 계셔서 그 앞에 단죄를 받는 모습을 상상해도 두렵기만 합니다. 혹은 내 쌓은 덕이 부족해 내세에 환생한다 한들 그 초라함이 두렵고 두렵습니다. 사람이 살다가 이승을 하직할 때 행복한 미소를 짓는 사람이 얼마나 될까마는, 나는 지금 그 닥칠 순간이 두렵기만 합니다.

　나는 최근에 가까운 친구를 잃었습니다. 갑자기 췌장암 말기 진단을 받고 나름대로는 재생의 노력을 기울였던 친구였지만, 결국 의사가 선고한 날짜까지만 살다가 세상을 하직하고 말았습니다. 그는 아주 평온한 표정으로 세상을 떠났다고 합니다. 그가 부럽습니다. 잘 죽는다는 것, 웰 다잉이야말로 생을 마감하는 사람들의 로망이니까요. 그 때문에 삼 일간을 정신없이 보냈고, 삼우제까지 치른 후에야 나도 정신을 차릴 수 있었습니다. 그가 나와 오랜 친구는 아니었지만, 유일한 친구라 할 수 있었습니다. 삼우제를 지내고 돌아오는 차 안에서 아내는 내게 물었습니다. 당신은, 당신이 이번에 한 것처럼 내일 같이 일을 보아 줄 친구가 한 사람이라도 있느냐고. 아내에게도 그런 친구는 없다면서. 사실 그럴만한 친구는 바로 고인이 아니었을까 생각합니다. 아픔을 내일처럼 같이할 친구를 한 사람이라도 만들었는가. 많은 친구가 있지만, 역시 자신 없는 질문입니다.

내게 글쓰기는 무엇이었을까. 제대로 쓰는 법을 배우지도 못하고 '글 씀네' 한 것은 또 하나의 교만이 아니었을까. 사람은 죽어서 이름을 남긴다고 하니 죽어 명예를 얻기 위해 글을 썼던가. 글쓰기에 도취하기만 했지, 정말 한 번이라도 치열하게 글을 쓴 적이 있었나 돌이켜보니 부끄럽기만 합니다. 어차피 시작한 것, 정말 좋은 작품 한 권 남기고 싶었는데 이렇게 끝나다니 말입니다.

사랑하는 내 아들과 딸에게 말하고 싶습니다. 절대적 존재에 대한 확신으로 세상을 살았으면 좋겠다고. 이제 새삼 신은 나약한 인간이 살아가는데 분명히 힘이 되어줄 것이라 믿게 됩니다. 신을 자기의 처세에 이용하는 사이비 신도의 유혹을 떨쳐 내고 신과의 하트라인을 개설했으면 합니다. 설혹 신이라는 존재가 없다 하더라도 말입니다. 어차피 신은 일대일로 소통하는 존재니까요. 그리고 내 아들딸이 언제라도 아픔을 함께할 수 있는 친구를 한 명이라도 갖고 살기 바랍니다. 그런 친구 한 명을 얻음은 천하를 얻는 것이라 했습니다. 또한, 만약 내 디엔에이를 가져 나중에라도 글을 쓰게 된다면, 소일거리로 삼지 말고 치열하게 써 보라는 말을 전하고 싶습니다.

내 생이 끝나는 지금 돌이켜보니 세상이 참 덧없습니다. 그러나 나의 아들과 딸은 각자가 해낸 것들로 인하여 삶의 덧없음이 덮어지기를 소망합니다.

끝까지 모습을 숨기고 드러내지 않는 황산에 안타까움만 더했고,
맑은 날씨를 장담했던 나는 천기를 쉽사리 논한 데 대해
된서리 같은 후폭풍을 감당해야 했다.

# 덕, 덕분에

"저거, 우리 일행 것 아녜요?"

황산(黃山)을 오르기 전, 호텔에서 아침 식사를 마치고 일어서려다 아내가 다른 테이블 사람이 흘리고 간 무엇인가를 가리켰다. 때마침 중국인 여행객들이 식당으로 우르르 치고 들어오던 참이라 나는 의자 밑에서 일행이 흘리고 간 것을 재빨리 주워들었다. 우리 여행사 이름이 박힌 황색 비닐봉지였는데, 언뜻 100달러짜리 지폐가 눈에 들어왔다. 50대 여성 4명으로 된 팀이 있는데 그들이 식사를 끝내고 나간 뒷자리였다. 우리는 여인들의 방으로 쫓아가 조심하라며 봉투를 건네주었다. 나중에 들으니, 그 봉투에는 1,000달러가 넘는 그녀들의 공금이 들어있었다는 것이다. 그들에게는 여행을 잡칠 수도 있는 상황에서 두고두고 고마워해야 할 일이었을 것이다. 다음부터는 그녀들의 우리 부부를 대하는 눈빛이 달라졌다.

자연은 때로는 변화무쌍하지만, 언제나 그 자리에 그대로 있다. 대자연을 하찮은 인간이 어쩔까마는 이따금 인간은 천기를 예단하려 든다. 백두산 등정 열 번을 해도 천지를 한 번도 보지 못한 사람이 있고, 단 한 번 여정에 세 등정코스에서 때마다 천지를 만날 수도 있다. 내 경우가 그랬다. 사람은 그저 최선을 다해 대자연의 표정을 살펴 조심스레 접근할 일이다.

여행과 날씨는 정분이 맞아야 하나보다. 특히 백두산의 경우 함부로 얼굴을 보여주지 않는 산으로 알려졌다. 중국의 덩샤오핑도 백두산을 면접하지 못하고 내려갔다 하지 않던가. 백두산뿐 아니라 장자계(張家界)나 황산(黃山) 같은 세계적인 명산도 비구름이 산을 가려버린다면 모처럼 맘먹고 온 여정이 잡치게 될 것이다.

그러나 내 경우는 좀 달랐다. 여행지 날씨와 정분이 맞는 걸까? 여행지마다 하나같이 날씨가 좋았다. 터키나 동유럽을 갔을 때는 가이드로부터 일행 중에는 덕을 많이 쌓은 분이 계신 것 같다는 소리를 거푸 들었다. 백두산 등정 때는 백두산을 다섯 번이나 갔으나 갈 때마다 천지를 못 보아서 죽기 전에 꼭 천지를 보아야 하겠다며 합류했다는 70대 부부가 있었다. 우리는 세 차례의 등정에서 모두 맑게 갠 천지를 만날 수 있었을 뿐 아니라 마지막 코스를 등정하는 날은 우리가 천지에서 하산하는 시점에 맞춰 비구름이 끼고 진눈깨비가 날리는 거였다. 그 70대 부부도 같은 말을 했다. 이 중에는 덕을 많이 쌓은 분이 분명히 있을 거라고. 자주 듣던 말을 또 들으니 혹 그 사람이 내가 아닐까 하는, 방정맞은 생각을 하게 되었다. 나는 7년 째 내 저서를 가지고 문화적으로 소외된 사람들을 찾아다니며 특별한 기증 퍼포먼스를 해 오던 중이었다. 나는 동행하는 아내와 함께 내가 하는 기증 행위가 덕이 되는 건 아닌지 가늠 질해보곤 했다. 그러면 안 되는데……. 아무튼 그러다 보니 여행지에서마다 날씨에 대한 자신감이 따르곤

했던 것이다.

　장자계는 멋진 산이었다. 장자계를 다녀온 뒤 중국의 산은 물론 모든 산행은 이제 끝이라 생각했다. 그 산은 그렇게 멋진 곳이었다. 그러나 우리 부부는 다시 황산 행 일정을 잡아야 했다. 상해 임시청사를 답사할 일이 생겼고, 마침 황산 행을 낀 패키지 투어가 있었기 때문이었다. 더구나 황산에는 장자계가 여덟 개나 있다고 할 정도로 명산이라 하지 않던가!

　황산은 10%의 확률로 본 모습을 볼 수 있다고 했다. 열 번에 한 번이라는 확률로 날이 갠다는 거였으나 나는 일행을 안심시켰다. 공금을 되찾아줘 고마움을 입에 달고 지내는 그녀들에게 절대로 정상에 비가 오는 일은 없을 거라고 큰소리를 쳤다. 케이블카를 타고 오를 때부터 비가 내려서 비옷을 입으면서도 정상에 오르면 개일 거라고 했다. 마침 가이드의 예상도 나와 같아서 우리는 기대를 잔뜩 갖고 신들이 내린 정원을 보러 무거운 카메라를 메고 황산 꼭대기에 올랐다.

　비는 그쳤으나 이슬비가 는개로 바뀌어 몸속에 빗물이 젖어들었다. 오한이 들어 덜덜 떨면서 나는 온몸에 는개를 흠뻑 맞으면서도 보이지 않는 명산의 흔적을 더듬어 헤아려야 했다. 비구름 사이로 난 계단에 비옷 입은 등산객들만 카메라에 잡혔다. 끝까지 모습을 숨기고 드러내지 않는 황산에 안타까움만 더했고, 맑은 날씨를 장담했던 나는 천기를 쉽사리 논한 데 대해 된서리 같은 후폭풍을 감당해야 했다.

　황산에서 돌아온 나는 지독한 감기몸살을 앓고 있다. 높은 산마루에서 내내 맞았던 비가 내게 안긴 선물이었다. 모처럼 무리했던 계단 오르내리기로 근육마다 통증이 심했다. 그래도 황색 봉투를 찾아준 고마움 때문에 일정 내내 따로 챙겨주던 네 분을 생각하면 고됐던 일정이 상쇄되곤 한다. 난 역시 덕 있는 사람인가? 날씨가 좋지는 않았지만, 일정 내내 대접받는 행운은 따로 있지 않았던가!

 그에게서는 몹쓸 병을 이겨낼 천사장의 표정이 그려진다.
아무리 그래도 앞으로 닥칠 혹독한 고통을 이겨내야 할 처지에서
축복이라 는 생각을 어떻게 할 수 있을까?

## 명달리 고개를 넘어서

　명달리로 넘어가는 고개는 굽이굽이 계곡의 전설이 서린 듯하다. 가슴에 커다란 멍이 들었을 친구는 이 고개를 넘으며 무엇을 생각했을까. 지난 겨울의 혹한을 이겨낸 나목들을 보면서 옆자리에 앉았을 부인은 그 활달했던 성품을 어이 감춰냈을까. 친구를 만나면 무슨 말부터 해야 할지 망설여진다.

　왜 하필이면 그 못된 병이냐, 그것도 말기라니! 며칠간 나도 정신을 놓다시피 했다. 내 울타리 안에 사정없이 들어와 버린 그 충격적인 말을 도저히 믿을 수 없었기에. 지난 몇 해 동안 남다르게 왕성한 활동을 해온 사람이다. 사진 동아리, 오케스트라 후원회, 수필가로의 등단 등……. 그 모든 일을 여유롭게 소화해 내던 모습이 되살아난다. 양평군 서종면사무소에서 시작된 국도는 명달리 고개의 정상을 향해 급격히 굽이쳐 오르고 있다.

　고개 내리막으로 접어들어 두어 굽이 내려오니 황토구들방이라는 팻말이 보인다. 둘레에 잣나무 군락이 병풍처럼 펼쳐진 앞으로 누런 한옥촌이 들어서 있다. 도로 옆으로는 참나무 쪼갠 장작더미가 길게 늘어서 있는데, 첫 번째 집 베란다 창문을 열고 친구가 손을 흔들어댄다. 세상에 저렇게 멀쩡한 사람이······.

참나무를 때는 아궁이 옆 대문 두 쪽이 빠끔히 열리며 친구가 나타난다. 바로 일주일 전에 본 모습 그대로다. 이 친구야 이 무슨 일이야? 나는 녀석을 덥석 품었고 우린 한동안 가슴의 온기를 나눈다. 황토방에 딸린 거실에는 마침 친구의 여동생 부부가 문병 와 있었다. 친구는 외관상으로는 멀쩡하고, 오히려 수척해진 부인의 눈에 핏기가 서려 있다.

친구는 거실에서 문병 온 사람들을 앉혀놓고 시를 낭송하는데, 얼마 전 나의 출판기념식에서도 들려주었던 멋진 저음이 집안에 곤곤히 울려 퍼진다. 친구는 천상병 시인, 도종환 시인의 시집을 거의 다 암송하고 있었다. 세상사에서 한 발짝 물러서니 암기가 잘 되더란다. 그는 도연명의 장시까지 낭송하고, 대화를 이끌어 감으로써 무거운 마음으로 찾아온 문병객들을 즐겁게 해 주고 있다. 문병 온 손님들을 환자가 위로하는 셈이다. 그 짧은 기간에 청천벽력같은 일을 당하고도 저토록 태연하게 자신을 추스를 수 있다니.

친구는 산책로로 나를 데려간다. 중미산 자락의 깊은 골짜기에 들어앉아 있으니 풍광은 더할 수 없이 아름답다. 산책로에는 아직 잔설이 수북하고, 이슬이 얼어 만들어진 고드름은 나목들 위에서 뉘엿한 햇살에 눈 부셔 파란 하늘에 초롱초롱하다. 우린 잣나무숲 속 오솔길을 하염없이 밟는다. 아들에게 사업 실습을 많이 시켜 놓아 다행이라는 말을 할 때는 이 친구가 정말 떠날 사람이로구나 싶어 마음 구석이 시려 온다. 사제수업을 받고 있는 작은아들과 주변에서 기도해주는 사람들 이야기도 했다. 자연 요법으로 건강을 회복하는 것이 기적이라고 한단다. 친구의 식단은 일체의 육식을 버리고 채식 위주의 무공해 식품으로 짜인다고 한다. 또, 손 전화 이외에는 일체의 문명을 거부한 채 오로지 숲의 기운 속에서 일상을 새롭게 만들어가고 있다고 말하는 표정이 결연해 보인다.

자기가 기적을 이룬다면 많은 사람에게 희망의 메시지가 될 것이라는, 꼭 건강을 되찾아 마음 써주는 분들에게 보답하겠다는 말도 잊지 않고 있다. 그 말끝에 친구는 자연요법을 통한 재활 가능성에 대하여 그동안 자식들이 조사한 내용을 들려준다. 친구는 자기 몸을 망가뜨리고 있는 세균의 세력에 맞서고 있었다. 그는 이를 무찌르는 정균(친구의 표현)의 사령관으로 모자람이 없어 보인다. 이제까지 살아온 방식이 자기를 이렇게 만들어 놓았으니, 그 생활 방식을 모두 바꿔나가면 못된 세균이 살아남지 못하게 될 것이라고 한다.

나는 친구에게서 뜻밖에 '축복'이라는 말을 들었다. 이렇게 되고 보니 가족이 새롭게 느껴지고, 이웃과 친구가 새로워진다고 친구는 말하고 있다. 식생에 대한 인식을 달리한 것이 그 으뜸이고, 절벽의 끝에 오니 자기를 온전히 바라볼 수 있게 되어서 지금이라도 새롭게 세상을 볼 수 있으니 축복이 아니겠느냐. 친구는 짧은 기간에 무척 착한 소년의 심성으로 돌아와 있는 느낌이다. 누구나 다 '그 병은 안 된다.' 했지만, 그에게서는 몹쓸 병을 이겨낼 천사장의 표정이 그려진다. 아무리 그래도 앞으로 닥칠 혹독한 고통을 이겨내야 할 처지에서 '축복'이라는 생각을 어찌 할 수 있을까.

날이 저물어 떠날 채비를 하는데, 친구는 자기가 죄를 지은 것도 아니라면서 궁금해 하는 동료에게 자기가 췌장암 말기라는 사실을 알려도 좋다고 했다. 나는 그에게 기적을 이룬 사람이 되어 다시 친구들 앞에 서 줄 것을 당부하면서 책을 낼 수 있도록 글을 계속 쓰라고 했다. 그는 고개를 끄덕이며 글쓰기에는 더없이 좋은 환경이라 마침 그런 생각을 하고 있었다고 한다.

내가 명달리 고개를 다시 넘을 때, 무거운 짐을 반쯤은 부려놓고 넘는 기분이었다. 뒤를 돌아보니 해는 이미 명달리 고개 너머로 떨어졌으나 친구의 황토방 주위를 둘러싼 전나무 숲이 유난히 푸른 빛깔을 내고 있었다.

## 색동 수의

- *15* 색동 수의
- *16* 소리꽃밭
- *17* 나뚜
- *18* 명정 쓰기
- *19* 베르사유궁은 작업장
- *20* 악마의 집에서 만난 천사
- *21* 오소리 가족의 탈주

15 색동 수의는 예쁘기만 했던 새댁의 뜬금없는 죽음에 대한 가족의 애통한 마음을 대신했던 것일까? 아직도 생생히 색을 발현하고 있는 옷자락에서 고인의 한이 고적히 드러나고 있다.

# 색동 수의

이장移葬하는 전날부터 비가 많이 내렸다.

하얀 상복을 입은 초로의 여인이 파헤쳐진 무덤을 내려다보며 옷깃을 여민다. 얼굴 한 번 본적이 없는 어미의 모습인데, 흙 물은 두개골 앞에 뚝뚝 떨어지는 것은 빗물일까 눈물일까. 시집온 이듬해 첫 애를 낳으면서 새댁은 이곳에 묻혀야 했다. 그 유골 앞에 나이가 들어 찾아온 자식 이 어깨를 달싹인다. 목숨 바꿔 태어난 딸이다. 오십 년 만의 만남이다. 이승과 저승의 거리가 얼마나 멀까마는, 그 세월 동안 어미를 품었던 황토였다. 황토를 만지작거리는 여인의 손끝에서 혈육의 인연 고리는 새삼 절절하게 피어나고 있다.

밤새 내리던 장대비는 지친 기색으로 추적거리고, 파야 할 무덤 주변의 땅도 많이 물렀다. 어머니의 젖무덤 같은 고운 봉분이 굴착기의 큰 삽에 움푹 파여 생살 같은 황토가 드러난다. 그동안 성묘를 오가던 후손들의 정성이 깃든 유택이건만 사람 손도 아닌 굴착기로 봉분을 허물어야 한다니, 못할 일을 하는 듯 마음이 짠하다. 묘가 깊이 파이자 유골을 추리는 사람이 묏자리로 내려가더니 손으로 조심조심 흙을 긁기 시작한다.

오랜 세월이 지났으나 검붉은 색깔을 잃지 않은 명정이 흙덩이 아래서 드러난다. 나무관은 세월을 견디지 못하고 이미 토화土花되었는데, 명정이 그대로인 것은 나일론을 썼기 때문이라며 누군가 혀를 끌끌 찬다. 이윽고 수의와 함께 고인의 두개골이 흙을 헤치고 불거져 나온다. 아마도 삼베에 섞여든 화학섬유 때문인지 수의도 썩지 않은 채 그대로인데, 축축한 저고리 소매 부분에는 색동 무늬가 고스란하다. 비는 추적거리는 데 파헤쳐진 분묘에서 보이는 거무칙칙한 색동수의는 시간의 간극을 넘어 섬뜩한 비애를 느끼게 한다.

"허어! 색동 수의네!"

일꾼들의 호기심을 뒤로하고, 여인은 색동 수의를 만지작거리며 흙에 묻혔던 망자의 애틋한 사연을 곱씹는 듯 어깨를 더욱 들썩인다. 현현한 색동은 오십 년 세월에도 놓아 버리지 못하는 망자의 슬픔을 드러내는 것일까. 수의를 젖혀 보니 세월의 질곡을 잘 받아낸 듯 유골들이 정연하게 제자리를 지키고 있다. 손 싸개를 들어 털자, 망자의 자잘한 손뼈들이 푸슬푸슬 쏟아진다. 살아서 아기 한 번 보듬지 못하고 빈손을 놓아버려야 했을 손뼈들! 마디마디 맺힌 회한은 흙이 되었고, 한갓 뼈 부스러기만 세월 매듭을 끊어내고 있다.

 파묘는 경건해야 할 일이지만 후손들은 비와 땀이 범벅된 얼굴을 훔쳐내며 객기 어린 농담을 주고받는다. 아따 성님, 우산 좀 잘 받치쇼. 함씨 오십 년 만에 세상 빛 보시는데, 비 맞으면 쓰것소? 이 함씨, 이齒가 기가 맥혀 부러야. 그랑께! 키도 겁나게 큰 함씨였구먼. 참말로 미인이셨겠네요잉. 인자 이 함씨도 오십 년 만에 하남씨랑 신방 다시 차릴 텡께, 오늘 밤은 엄매나 좋으시것소!

 피붙이만 남겨둔 채 못다 썩은 유골을 바라보며, 후손들은 가슴까지 차오르는 허무의 찌꺼기를 애써 지우려는지 객쩍은 소리를 해 대고 있다. 수습된 유골을 창호지에 부위별로 나누어 싸고, 좌상과 좌하, 우상과 우하의 뼈로 표기해 둔다. 다시 매장할 때에 뼈의 순서가 바뀌는 날에는 뒷날 꿈에 나타나 팔이 아프다느니 내 다리가 왜 이 모양이냐며 질책을 하신다니, 자식들은 눈을 크게 뜨고 유골의 순서 맞추기에 온 정성을 쏟는다. 너무 많이 썩거나 척추가 흐트러진 유골은 가느다란 나무뿌리나 줄기에 척추마디를 하나하나 꿰어 새 매장 장소로 옮긴다. 영이 빠져나간 유골은 이미 사람의 것이 아니었으나, 먼저 간 선친들은 자신의 유골을 보이는 것만으로도 남은 후손들에게 많은 교훈을 주고 있다.

 파묘 현장에 나타난 색동 수의는 보는 사람들의 마음 고름을 애틋하게 묶고 있다. 유복자를 남기고 나이 이십에 세상을 떠난 새댁에게 누런 삼베 수의를 차마 입히지 못했을 어른들의 마음 씀씀이가 사뭇 절절하다. 앳된 나이에 시집와서 꿈같은 신혼생활을 맞으면서 옥동자가 태어날 날을 손꼽아 기다렸으련만, 어미는 죽음으로써 아이를 사지에서 건져내었으니. 색동 수의는 예쁘기만 했던 새댁의 뜬금없는 죽음에 대한 가족의 애통한 마음을 대신했던 것일까? 아직도 생생히 색을 발현하고 있는 옷자락에서 고인의 한이 고적히 드러나고 있다.

"에고, 불쌍한 엄매 대신하여 나 요케 살아가고 있소! 인자 날 보셨응께 편히 쉬소."

젖 한 번 물려보지 못하고, 재롱 한 번 보지 못하고 꿈을 접은 어미의 한이야 어이 풀 수 있었을까. 하얀 상복을 입고 어미를 어르듯 색동 수의를 조심스레 만지는 나이 든 딸의 눈길이 애처롭다.

어느새 갠 하늘가 소나무 가지 끝에 허물처럼 걸린 낮달이 홀로 외롭다.

수많은 바이올리니스트의 손아귀에서 일시에 풀려난 마법 같은
소리의 울림이었다! 그래 그 울림은 가슴 가슴에 아름다운 소리꽃밭으로
피어나고 있었다.

## 소리꽃밭

　드넓게 펼쳐진 보리밭, 차라리 고요한 바다 수면(水面)같다. 햇살에 물비늘이 남실거릴 뿐, 수면은 황금색으로 눈부시나 바람 한 점이 없다. 미세한 소리라도 있으면 튕겨 오를 것 같은 장력이 느껴진다. 긴장이 고비를 넘어설 때, 어디선가 실바람이 실려와 수면에 사붓대니 자디잔 물결이 일면서 물 주름이 하나둘 수를 불린다. 물 주름은 수런수런 낮은 파도로 바뀌고, 모래톱에는 파도의 흔적이 스멀거린다. 겹겹의 파도가 바람의 몸집을 키우면서 바다를 차고 일어나자 암울한 소리로 바다가 속울음을 토한다. 수면 아래 깊은 곳으로부터 솟아오른 울림은 너울을 부추기고, 너울은 바다를 에둘러 산더미 파도를 일으키더니 마침내 청공(靑空)에 하얀 포말로 산화한다. 그것은 휘모리장단으로 몰아칠 바람과 바람 소리, 파도와 파도 소리의 절정을 예비하는 전조다.
　때가 이르러 하늘을 가득 채웠던 햇살이 먹장구름으로 변하여 바다를 덮어버리자, 일진광풍은 휘모리장단으로 파도를 휘몰아간다. 물 위를 떠돌던 갈매기들이 화들짝 공중으로 퉁겨져 날고, 황금빛 바다를 이룬 보릿대 군락이 비틀비틀 몸서리를 쳐댄다. 그렇게 시작된 휘모리장단은 끝없는 반복으로 격정의 클라이맥스를 이끌어 나간다. 이윽고 물기둥이 하늘로 치솟으니 하늘과 바다는 하나 되어 우뚝 멈춰 선다. 모든 것이 정지된 시공간(視空間), 격정의 자리에 다시 들어선 것은 또 다른 고요, 적막이다! 적막이 몰고 온 긴장은 짧은 시간을 영원 속으로 끌어들이고 있다. 그 끝자락에서 가녀린 바람꽃이 홀연 피어나더니 휘모리장단은 비로소 잦아들고 바다를 일으켜 세웠던 물기둥도 서서히 가라앉는다. 물결은 황금색깔을 되찾고, 날파람은 바다로 스며들면서 보리밭에 결 고운 흔적을 남기고 있다.

  그 순간, 황금빛 물결을 이룬 보릿대들이 크고 작은 바이올린 활대로 바뀌고 있다. 150여 바이올린 활대가 일시에 한 움직임을 일으켜 큰 너울로 황금 바다를 지배하는 것이다. 그것은 수많은 바이올리니스트의 손아귀에서 일시에 풀려난 마법 같은 소리의 울림이었다! 그래 그 울림은 가슴 가슴에 아름다운 소리꽃밭으로 피어나고 있었다.


  꽃, 꽃꽃꽃.

  '꽃'은 글자의 모양새가 어찌 그리 꽃 같을까! '꽃꽃꽃'은 무리 지어 피어 있는 꽃처럼 더욱 아름답게 보인다. 평소에 주목을 덜 받는 들꽃이라도 군락을 이루어 모둠 꽃이 될 때면 한층 더 아름답다. 보름 달빛 아래 하얀

게 만발한 메밀밭과 개망초 군락, 가을 산하를 노랗게 물들이는 소국의 무리가 그러하다. 비단 꽃뿐이 아니다. 산등성이를 뒤덮어 거대한 솜털 밭을 이루는 억새가, 떼 지어 하늘을 수놓는 철새들의 무량한 군무가, 바닷속 어족들의 일사불란한 유희가 또한 아름답기 그지없다. 2002년 유월, 전국을 붉은 도가니로 만들었던 붉은 악마들의 응원 물결이나 얼마 전 도심의 밤을 사위었던 무언의 촛불 물결은 군집만으로도 아름다운 장관이었다. 이렇듯 군집을 이루어 장관을 보여주는 예가 어디 풍경뿐이랴, 소리가 파도 되어 넘실대는 소리꽃밭은 장엄한 소리의 이미지이다.

인간 감정의 굴곡을 극명하게 표현하는 공명 악기 바이올린. 한 사람의 연주로도 수천 명의 청중에게 감동을 전할 수 있는 현악기이다. 바이올린이 둘, 다섯, 열을 넘겨 합음을 이룰 때도 여전히 그 소리는 미감(美感)을 가지고 있다는 것을 우리는 잘 안다. 그런데 백오십 명에 달하는 바이올리니스트들이 아름다운 소리의 군락을 지어 청공간(聽空間)에 가득 채워들 때, 공명의 파고로 온몸은 전율하고 있었다. 그것은 연주자 한 사람 한 사람의 열정이 모여 소리꽃밭을 이룬 조화의 결정체였다. '김남윤'은 창조주가 아직 내보이지 않았던 조화의 틀을 150명의 바이올리니스트를 동원하여 보여주었던 것일까.

'김남윤과 150인의 바이올리니스트', 무대 위 소리꽃밭에 휘몰아쳤던 휘모리장단, 08년도 끝자락 허허로운 소리만 난무했던 세밑에 그나마 따뜻한 위로의 한마당이었다.

하물며 국민을 대표하는 사람들이 이와 비슷한 행동거지를 보인다면
이를 야살궂다고만 생각하고 말 것인가. 자동 거수기야말로
나뚜의 다른 표현이기에 말이다.

# 나뚜

　세상에 태어나서 두 살쯤 되니 아이가 제법 말 흉내를 내는데, 어느 날은 희한한 말을 해 식구들을 즐겁게 했다.
　"아빠, 엄마, 하비, 할미, 꼬모, 시아, 나뚜!"
　식구 한 사람 한 사람을 짚어가면서 녀석이 풀어놓는 말 보따리다. 꼬모는 고모, 시아는 누나. 그런데 '나뚜'라니. 녀석은 가족의 명칭을 짚어가다가 제 차례가 되자 가슴을 탁탁 치면서 나뚜! 했다. 이 녀석 이름은 동현이다. 그러나 동현이라는 호칭은 가족들이 자기를 부를 때 쓰는 말이지 그것이 자기 이름이라는 것은 아직 모르는 모양이다. 언제부터인가 누나가 쓰는 말인 '나두'를 흉내 내기 시작했다. 아이의 반응을 어른들이 오냐오냐했고, 그 뒤로 아이는 나뚜가 자기에 대한 호칭이라는 느낌이 들게 된 것 같다. 이젠 놀리려고 나뚜야! 하면 동현이라 부를 때보다 더 빨리 반응한다. 이러다 정말 이름이 나뚜로 바뀔지 모르겠다. 박·나·뚜.

　엄마부터 꼬모, 시아까지 가족의 명칭을 익힌 동현이는 최초의 의사표시로 '나뚜'라는 말을 했다. 시아는 네 살이 위인 세아다. 누나의 행동 하나하나는 녀석이 익혀두고 써먹어야 할 본보기 같은 것이었다. 자기 입으로는 할 수 없는 어려운 말들을 누나는 잘도 하면서 엄마 아빠로부터 아이스크림 같은 먹을거리나 장난감 등을 얻고 있었다. 녀석도 아이스크림 생각은 굴뚝같았으나 말을 못하기 때문에 속이 상했는데, 어느 날 누나가 하는 '나도'라는 말을 익히게 된 것이다. 녀석은 서서히 나도의 효과를 눈으로 확인할 수 있었다. '나도'는 동현이 입에서 '나두'로 표현되었다. 나두, 그것으로 얻고 싶은 것은 모두 얻었으니 속으로는 얼마나 즐거웠을까. 한 번 나두로 안 되면 두 번, 세 번 째는 '나뚜'로 된소리까지 해댔다. 나뚜야말로 어른들과 통할 수 있는 자기만의 소통법이라는 것을 알아차린 거다.

녀석의 누나인 세아는 달랐다. 세아는 동그랗게 생긴 모든 단추를 누르고 누름으로써 세상과의 소통을 시작했다. 장난감의 동그란 스위치부터 음향기기, 엘리베이터의 버튼, 나중에는 엄마가 입은 옷의 동그란 무늬나 젖꼭지까지 누르고 있었다. 나는 이런 어린아이의 행동을 버튼 속에 감추어진 인류 문명의 코드로 확대 인식하여 글을 썼던 일이 있다. 그런데 이 녀석은 전혀 새로운 소통 방식으로 어른들에게 접근해온 것이다.

번데기 장사가 앞에 가면서 "뻔~"을 외치면, 숫기 없는 또 다른 번데기 장사가 뒤따르면서 "나두~"라 했다던가. 녀석은 누나를 따라다니며 "나두~, 나두~"를 수도 없이 종알거렸다. 그러면 자기도 누나처럼 대접을 받았기에.

말을 배우는 아이들은 제일 먼저 '맘, 엄, 마'라는 소리를 낸다. 이는 입을 막 뗄 때 나는 소리로 우리 글자에서는 ㅁ, 영어에서의 M으로 기호화된다. 비교언어학에서는 각 나라 언어의 생성과 유사성을 탐구하는데, 이를테면 음마, 마들, 마미, 맘미, 맘 등은 M 발음으로 시작하는 공통점이 있으며, 우리말 엄마와 유사한 소리꼴이다. 송아지의 '으음메에~'도 어린아이가 내는 첫소리와 같은 경우일지 모르겠다. 아이들이 엄마 다음으로 빨리 익히게 되는 말이 있다면 맘마일 것이다. 본능에 따라 먹을 것을 찾는 과정에서 '엄마'와 '맘마'라고 부르고, 부모는 아이가 보내는 이 최초의 자기 표시를 무척 신기해한다. 아이는 차츰 아빠, 하비, 할미 순으로 말의 영역을 넓혀나가고, 결국 의사소통에까지 이른다.

　저잣거리에서 '나두'라는 번데기 장사가 있다면, 윗동네 국회에는 나두라는 말을 대신하여 손을 드는 경우가 많다. 백성은 나랏일을 소신껏 잘해달라고 의원님들을 뽑아 국회로 보내고 높은 세비를 준다. 하지만, 당리당략의 그물망에 걸려 소신은 뒷전으로 밀리고, 그 사안이 자기의 생각과 다르더라도 당에서 시키는 대로 손을 드는 의원님들이 많다. 그래 그들을 뽑아 준 백성은 그래도 자기가 뽑았는데 누구를 탓 하냐며 뒤늦은 자책을 하곤 한다. 이런 속 빈 의원님들을 우리는 '자동 거수기'라 한다.
　앞서 손자가 '나두'를 해 댄 것은, 녀석의 지각 능력이 아직 발달하지 않아서 보인, 본능적인 욕구를 채우기 위한 반사 행동이다. 유치원만 가게 되면 나두라는 말은 던져버릴 터. 아직 어리더라도 나름의 소신이 생겨나

때로는 고집도 부리고 또렷하게 자기표현도 해 내리라. 만약에 나이 들어서까지 '나두'를 입에 달고 살아간다면 지적 장애를 의심해야 하지 않을까. 하물며 국민을 대표하는 사람들이 이와 비슷한 행동거지를 보인다면 이를 야살궂다고만 생각하고 말 것인가. '자동 거수기'야말로 '나뚜'의 다른 표현이기에 말이다.

    서양 아이들은 이럴 때 '미투'라 할까? 서양 국회의원들도 '미투'의 틀 속에서 안주하고만 있을까? 글쎄, 그건 나두 모르겠다.

요즘은 이 명정이 발전하여 거리시위에 이용되기도 하지만, 그것은 시위자들의 뜻을 의미 있게 전달하고자 하는 하나의 상징적인 깃발이 아닐까.

## 명정 쓰기

"자네가 명정을 써 줘야겠네."

때마침 이장 철이라 우리 문중에서는 다섯 기의 분묘를 이장해야 했는데, 이제까지 동네의 명정을 도맡아서 써 오던 어르신이 돌아가셨다. 문중 어르신은 내게 명정을 쓸 만한 사람이라 생각한 모양이다.

망자를 하관할 때 관 위에 덮는 붉은 천이 명정이다. 상주는 명정을 덮고 술을 올려 고인에 대한 마지막 예를 표한다. 세상과의 인연을 끊는 마지막 장막이 명정인 셈이다. 명정은 저승가는 망자의 이름표나 한 가지랄 수 있는데 은색으로 쓴다. 꿩 대신 닭이라고, 서울 촌사람에게 명정을 직접 쓸 기회가 온 것이니 내심으로는 대학 시절 배운 붓글씨를 써먹을 기회인가 싶었다. 그러나 어른들이 보는데 모처럼 붓을 잡으면 어떤 글씨가 나올지 걱정도 되었다.

이장 전날 밤, 문중 어른은 붓과 명정 다섯 개를 사 오게 했다. 명정은 붉은색 비단으로 되어 있는데, 폭은 삼십 센티, 길이는 사람 키 길이, 가장자리에는 금색 수술이 박음질 되어 있다. 명정의 머리글자를 품는 윗부분은 황금색 봉황 두 마리가 수놓아 있다. 어르신은 채를 가져다 엎어놓고, 달걀 다섯 개, 사기그릇과 숟가락도 준비하란다. 그는 달걀의 흰자를 사기그릇에 곱게 풀면서 이번에는 밀가루를 내오라 한다. 오래전부터 전해오는 방식대로의 명정 쓰기를 내 손으로 체험하게 되다니, 묘한 흥분이 인다.

밀양박공모모지구(密陽朴公모모之柩)라는 여덟 자가 들어갈 수 있도록 천은 여덟 마디로 접혀 있다. 달걀 흰자위는 맑게 잘 풀려 붓을 담그니 끈적끈적한 액체가 붓끝을 따라 오른다. 명정의 첫 글자가 앉힐 부분을 채 위에 올리고 다른 두 사람이 양쪽에서 팽팽하게 잡아당긴다. 채를 엎어놓는 것은 달걀흰자가 비단에 글자 모양으로 배일 때 획의 번짐을 막기 위해 함이다. 천에 붓을 갖다 댈 때 동생들, 조카들뿐 아니라 몇몇 어르신들의 시선이 내 붓끝으로 집중한다. 첫 자를 쓴다. 물컹거리는 것이 화선지에 쓰던 느낌과는 많이 달라서 조심스러웠는데, 아니나 다를까, 글자는 위아래 획에서 균형이 다소 어긋난다. 비단 위의 달걀흰자를 머금은 글자 부분이 축축하게 젖어든다. 어르신은 재빨리 밀가루를 듬뿍 쏟더니 글씨에 골고루 묻도록 명정을 흔들어 분말 덩이가 좌우로 쏠리게 한다. 이윽고 붉은 비단 위에서 글씨가 하얗게 드러난다. 달걀은 생명체다. 비단 위에 고인의 이름이 또 다른 생명체에 의해 하얗게 발현되고 있다.

지켜보는 서울내기들은 호기심이 만발이다. 밀가루가 충분히 입혀진 것을 확인하고 다음 글자를 쓰기 위해 명정을 한 글자 폭만큼 아래로 잡아당긴다. 붉은빛 비단에 하얗게 드러나는 글자의 모습을 보니 붓대를 쥔 내 손이 자랑스럽다. 천연섬유 비단에 달걀흰자와 밀가루를 조합하여 자연스럽게 흰색의 글씨를 우려내는 조상의 지혜가 가슴에 와 닿는다.

"히야! 멋지네요!"

"형, 인간문화재 되시는 거 아니요?"

동생들은 휴대전화기로, 비디오로 이 모습을 담느라 부산스럽다. 글씨는 다행히도 써갈수록 모양새가 잡혀 나간다. 한 장도 아니고 몇 장을 쓰다 보니, 흰자의 농도에 맞추어 붓놀림을 조절하는 여유까지 생기면서 글자의 꼴이나 간격들이 제법 균형을 잡아나간다. 여덟 글자를 다 쓴 명정을 하나하나 마당으로 가져가 빨랫줄에 넌다. 낮 동안 비에 씻긴 달빛이 홀로 썰렁하던 마당인데, 명정으로 갑자기 환해진다. 다섯 장의 명정에 쓴 글씨는 달빛을 머금어 밝은 옥색으로 발광하고, 붉은 색조의 비단은 격자무늬 창호의 불빛을 받아선지 더욱 신비스럽고 경건하다. 명정에는 늘 희끗희끗한 분말이 묻어 있었던 기억인데 비단에 분칠 된 이유를 이제야 알 것 같다.

진도에는 비교적 우리 전통 장례문화가 잘 보존되고 있는데, 상여가 나갈 때면 상여꾼들과 앞뒤에 따르는 명기(銘旗)의 수에 따라 사람들은 고인의 생전 치적을 가늠하기도 한다. 하얀 상복을 입은 30여 명의 호상꾼들, 형형색색의 명정 깃발들, 화려한 꽃상여, 뒤를 따르는 수십 기의 명정과 유족들이 긴 꼬리를 이뤄 푸른 들녘을 가로지르는 모습은 한 폭의 아름다운 풍속화다.

　명정을 죽장에 걸어 앞에서 상여를 이끌며 매장할 때는 관 위에 붉은 명정을 덮기도 한다. 요즘은 이 명정이 발전하여 거리시위에 이용되기도 하지만, 그것은 시위자들의 뜻을 의미 있게 전달하고자 하는 하나의 상징적인 깃발이 아닐까 생각한다.

　장례에서 화장 문화가 새롭게 주목받는 요즈음 전통 매장문화를 알아 뭐 할까. 그러나 우리 문화가 하나 둘 사라져가는 요즈음에도 전례 문화에 대한 관심은 끊임이 없이 이어지고 있지 않은가. 간편하고 접하기 손쉽다는 편리 주의에 편승, 인스턴트 문화가 전래 문화를 쉽게 가려버리는 경향이 있다. 전례 문화는 우리 조상들이 일구어낸 지혜의 산물인데도 말이다. 나의 명정 쓰기 체험은 우리 장례문화의 뿌리를 되새겨보는 소중한 기회였고, 전통문화에 대한 나름의 갈증을 해소하는 청량제여서 뿌듯했고, 긴 여운이 남았다.

　그러나저러나 이러다가 동네 명정은 내가 도맡아 쓰는 것 아닌가 슬쩍 걱정이다. 여기서 서울이 천 리 길이다.

새로운 문화체험은 한시적인 것, 우리는 5천 년의 찬란한 문화유산 속에 살고 있지 않는가. 그런데 이를 어쩌나 저들에겐 소매치기 체험의 덤을 줄 수 없으니.

## 베르사유궁은
# 작업장

- 집시, 집시들

로마는 수입이 꾸준하다는데, 이곳 파리는 왜 이 모양이냐? 식구는 날로 늘어가고, 수입은 줄어만 간다. 모처럼 상대를 골라 접근해도 어느 틈에 다른 구역 녀석들이 그를 에워싸 작업을 벌인다. 오늘 최소 한 건이라도 올려야 한다. 작업장은 베르사유 궁이다. 표적은 동양사람, 특히 코리안을 주목해라. 그들은 바지런한 만큼 주의력이 떨어지는 사람들이다.

주머니가 든든한 사람은 어딘가 티가 나게 마련이다. 얼굴에 살이 통통하게 올랐다든지, 비싼 카메라를 들고 있다든지. 그리고 나이가 지긋한 편이 작업하기가 수월하다. 사진 찍기에 열중하다 일행에서 쳐지는 사람들이 있다. 우리 팀이 둘러싸기만 하면 그는 우리 밥이다. 어차피 공평하게 살아가야 하는 세상, 가진 자들의 것을 조금 나눠 쓰는 것일 뿐! 그들의 기부행위를 우리가 앞질러 행사하는 것은 우리가 그들의 수고를 덜어주는 것이다. 중국 사람이나 코리안은 손가방을 들고 다니고, 옆이나 뒤로 메지 않고 앞으로 멘다. 우리로부터 지갑을 지키려는 예방책이라지만 웃기는 얘기다. 오늘은 평일인데도 궁전 앞 넓은 광장에 관광객이 붐빈다. 코리안으로 보이는 관광 팀도 두세 그룹 눈에 띈다. 그들은 돈이 많다. 우리가 따라잡지 못하는 부지런함으로 갑자기 부자나라가 된 종족이다. 어차피 그 많은 돈 뿌리려 작심하고 온 사람들이다. 이제 관광객 입장이 시작되었으니 우리도 나설 시간이다. 목표물이 떴다. 이번에는 내가 미끼로 나서겠다. 부인인 듯 보이는 여인이 옆에 따라다니는 것을 유의해라. 저 치, 비싼 모델의 비디오와 카메라를 들고 있다. 분명히 촬영을 목적으로 온 모양새다. 복잡한 실내에 들어가서 작업에 들어간다. 그의 지갑에 유로화가 잔뜩 들었다면 얼마나 좋을까.

- 이탈리안 노신사

    베르사유 궁은 오만한 권력자들의 권위에 맞게 건축되었다. 정문으로 가는 넓은 광장은 비스듬히 경사가 져서 궁 밖의 세상을 내리깔고 볼 수 있다. 정문은 황금빛 구조물로 치장되었고, 궁의 내부는 당시에 초대된 귀족들의 초상화나 선물들로 가득 채워져 있다. 천장의 프레스코화나 벽화의 색조는 화려함의 극치를 이루고, 거장들이 그린 명작들이 넓은 벽면을 장식하고 있는데 관람객이 빼곡하다. 루이 16세의 왕비〈마리 앙투아네트

〉를 위해 세워진 이 궁전은 인간이 누릴 수 있는 극한 사치의 모델로, 결국은 시민혁명의 표적이 되어 루이 왕조 비극의 현장이 된 곳이다.

안내자는 대충대충 설명하며 우리 일행을 '거울의 방'으로 이끈다. 거울의 방만 보면 베르사유궁전은 다 본 것이라 한다. 그러나 거장들의 명화에 빠져든 나는 안내자의 시간에 맞춰 따라갈 수가 없다. 충분히 감상하고, 내 카메라로 직접 찍을 것이다. 인파에 이리저리 밀리는 동안 아내는 앞 일행들 꼬리를 따라붙었는지 시야에서 사라졌고, 눈앞에 전시된 작품을 비디오와 카메라에 담느라 나는 정신을 놓아버린다.

그때, 내게 한 신사가 야릇한 미소를 던지며 접근해온다. 그는 깔끔해 보이는 오십 대인데, 대머리에 걸린 안경 낀 모습이 이탈리아 영화에서 보았던 친숙한 얼굴스타일이다. 신사는 그림 앞쪽으로 몸을 돌리더니 내게 자기의 카메라를 건네면서 찍어달란다. 나는 양손에 비디오와 카메라를 쥐고 목과 어깨로 가로질러 멘 손가방은 팔뚝으로 밀착시키고 있다. 소매치기를 조심하라는 안내자의 말대로 가방을 배 쪽으로 옮겨 멘 것이다. 그런 상태에서 그의 요구를 들어주기란 쉽지 않았으나 신사도를 발휘하여 기껍게 그의 카메라를 오른손으로 받아 들고, 그가 포즈를 잡자 셔터를 누른다. 그의 카메라는 휴대전화기 크기의 액정카메라인데 너무 작아서 똑바로 잡히지 않는다. 어렵사리 그 사람의 모습을 카메라에 담아 건네주자, 그는 카메라를 돌려 잡더니 이번에는 옆으로 찍어달란다. 이리저리 밀치는 상황에서 나는 다시 그의 카메라를 받으려다가 포기하고 만다. 내게 짐이 많아서 더는 곤란하겠다, 미안하다면서.

- 나무아미타불!

　저녁식사시간, 어깨에서 손가방을 내려놓던 나는 멈칫한다. 손가방 안쪽에 있는 자크가 열려 있다! 언제 자크를 열었는지 기억이 없다. 아니, 자크를 연 일이 없다. 얼른 손을 넣어 보지만 안에 있어야 할 지갑이 없다. 지갑에 돈 말고 무엇이 있었나 생각해 본다. 혹은 호텔에서 큰 짐 정리할 때 지갑을 빼놓았을까? 아니야! 소매치기당한 것이 확실하다. 내 양팔을 들 수밖에 없도록 유도했던 대머리 신사의 미소가 얄밉상스레 떠오른다. 입맛이 싹 달아난다. 주변 일행들을 생각해서 표정관리에 들어가나 곧바로 아내에게 들키고. 기분이 몹시 언짢아진다. 다행히 돈은 아내와 나누어 보관했기 때문에 반은 건졌지만 십여 년 동안 내 가슴에서 정든, 내 손때 묻은 지갑을 잃은 서운함은 오래갈 것 같다. 무엇보다도 당했다는 사실이, 대머리의 미소에 당했다는 것이 진저리칠 정도로 평정심을 흩트려 놓는다. 같이 나눠 쓸 돈도 없는 내게 하늘은 공평분배를 강요한 것이다. 그런 일은 내게도 일어날 수 있는 일이라며 생각을 고쳐먹기까지는 시간이 필요했다.

　2주 가까이 많은 도시에서 되풀이 본 것은 성당의 모습들이다. 사람 위에 군림하는 권력자들과 그들에게 부림 받아 인치의 도구로 전락했던 교회들, 그것을 오늘에는 관광 자원화하여 외화를 버는 서유럽의 도시들. 옛 것을 지키기 위해 도로를 확장하지 않아 교통이 불편했고, 화장실 갈 때마다 세금처럼 치렀던 천원 남짓의 사용료. 물 한 잔도 공짜가 없는 도시들! 그럼에도, 그 흔적에 스미어 있는 예술가들의 혼은 서구 문명에 대한 경외

심을 일으키기에 충분하였다.

　서구가 자랑하는 르네상스 문명을 직접 보면서 상대적으로 우리 것은 초라하지 않냐는 생각이 들었다. 정말 우리에겐 저들에게 대적할 대항마(對抗馬)가 없을까? 그렇지 않다. 우리도 수많은 고찰(古刹)을 가지고 있다. 저들의 인본주의 문명에 반하여 동양의 정신세계를 꽃피운 수많은 유물이 우리에게도 있다. 새로운 문화체험은 한시적인 것, 우리는 5천 년의 찬란한 문화유산 속에 살고 있지 않은가. 그런데 이를 어쩌나! 저들에게 소매치기 체험의 덤을 줄 수 없으니, 나무아미타불!

몸이 불편해서 본인의 의사와 무관하게 갇혀 사는 사람들,
그들은 방문했다가 떠나는 차 마다 자기들의 마음을 태워 보내고
있는지도 모른다.

## 악마의 집에서 만난 천사

    조그마한 읍(邑)은 시간이 거꾸로 흐르는지 노래방 간판을 없앤다면 60년대의 시골 풍경을 닮아있다. 나지막한 슬레이트 가옥들, 가재도구로 어지러운 좁은 길목과 드물게 보이는 차량 하며 미닫이문에 붉은 페인트로 쓴 해장국 간판에 이르기까지, 아주 오래전에 시간이 멈춰버린 영화 속의 세트장 같다. 이 소읍의 뒤란을 돌아드니 계곡 물 옆으로 조붓하게 비포장 길이 나 있어 우리를 유도한다. 목적지는 그곳으로부터 한참을 더 들어가야 했다. 산세가 높아지고 계곡이 차츰 깊어지더니 계곡 건너편에 뜻밖에도 큼직큼직한 전통가옥이 줄지어 나타난다. 산등성이가 잘려나가 흙살이 벌겋게 드러난 곳에서는 또 다른 전통가옥들이 한창 뼈대를 맞추고 있다. 종교단체의 수양관이나 교육시설을 짓는지 모르나, 지나오면서 보았던 시골 읍의 빈촌 모습과는 극명한 대조를 보여준다.

    다시 인적이 없는 산길을 조금 더 들어가니 하얀 돔 같은 지붕이 나타나고 그 지붕은 치마에 품고 있던 거대한 원형 건물을 드러내 보여준다. 큰 산 두 개가 V자형 계곡을 이룬 분지에 하얀 바가지를 덮어놓은 모습의 대형 건축물이 들어앉아 있다. 그 규모는 이슬람의 모스크 사원이나 평양의 모란봉 대운동장을 연상시킨다. 지붕 좌우에는 제우스 신전에서나 볼 수 있을 것 같은 커다란 성모상 두 개가 우뚝 솟아있어서 혹 사이비 종교단체가 아닐까 하는 의구심이 생긴다. 주변의 풍광과도 어울리지 않고 엉뚱한 느낌이 드는 이 건물의 용도는 도대체 무엇일까. 종교단체의 수양관이라 하기에는 너무 큰 규모이고, 아무래도 대학 교정이지 싶다. 어디서 그런 많은 돈이 생겨 이런 외진 곳에다 이렇게 큰……. 교인들의 신심과 정성이 담긴 헌금을 모아다 이런 건축물 축조에 쏟아 부어야만 하는 것일까.

아직 공사가 덜 끝났는지 파란색 텐트가 건물 귀퉁이에 둘러쳐 있고, 모스크를 둘러싼 넓은 공간 주변도 비포장인데 인적이라고는 찾아볼 수 없다. 공사가 중단되었는지, 언제 완공될지, 이런 곳에 이렇게 큰 건물은 왜 필요한지. 서울이나 대도시에서의 접근성도 떨어지고, 그 많은 수용 인원을 어떤 방법으로 채울 수 있을지……. 애초부터 계획이 잘못되어도 한참 잘못된 느낌이다.

우리 일행은 휴대전화로 안내를 받아 왼쪽 귀퉁이에 조그맣게 세워진 단층건물 입구로 들어선다. 이곳은 모 종교단체가 운영하는 중증장애인 수용시설이다. 나는 내 책 '바다칸타타'를 가지고 이 시설에 수용된 장애인들을 만나려고 찾아들었다. 지체장애인들이나 정신지체를 가진 장애인들이 힐끔힐끔 쳐다보면서 뜻밖의 손님들에게 호기심이 담긴 눈빛을 보낸다.

다른 시설에서처럼 행정사무실 관계자들과 차를 마시면서 퍼포먼스에 대한 의견을 교환하려던 참이다. 우리를 이곳으로 인도한 젊은 봉사요원은 무척 반기는 눈치이나 사무장이라는 사람은 퉁명스럽기 이를 데 없어서 우리와는 얼굴조차 마주치지 않고 장애인들에게 버럭버럭 고함만 질러댄다. 빚 받으러 온 사람도 아니고, 자기네 시설의 장애인들에게 일종의 기부 봉사를 하려고 왔는데 반겨 맞기는커녕 귀찮아하는 기색이 역력하다. 그렇다고 지금은 퇴근 이후의 시간도 아닌데 말이다. 하는 모양새나 말투는 영락없이 영화에서 보여주는 교도소의 간수다. 어쩌면 장애인들은 철창은 없으나 감옥 같은 이곳에 갇혀 사는 것이 아닐까.

우리는 식당을 대충 정리하여 퍼포먼스를 할 자리를 마련하고 장애인들을 모이게 했다. 낭독수필이 실린 CD에서는 낭랑한 낭송자의 목소리가 배경음악과 함께 실내에 번져나간다. 스태프가 간단하게 나를 소개하자 불편한 몸을 이끌고 모여든 장애인들은 한결같이 즐거운 표정으로 손뼉을 쳐 외진 곳까지 온 작가를 반긴다.

자기가 선택한 색깔로 책에 그림을 그려서 자기 이름으로 사인을 해 건네주자 그들의 눈빛은 따습게 빛났고, 표정에서는 짧은 순간이나마 행복한 미소가 얼굴을 가득 채운다. 참 순수하고 착해 보이는 미소다.

행사가 끝나자 아쉬워하는 장애인들을 뒤로하고 떠날 채비를 챙기는데 우리를 그곳에 인도했던 봉사자가 한적한 곳으로 우리를 데려가더니 주변을 쭈뼛거리며 이야기 봇짐을 풀어놓는다. 이곳을 끌어가는 원장이라는 사람은 종교인이라기보다는 사업가라며 혀를 내두르면서. 원장은 특정 상

표의 생수를 생산하여 장애인들을 전면에 내세우는 전략으로 돈을 무척 벌고 있는데, 그 돈을 몽땅 건물 짓는데 쏟아 부으면서 장애인들을 위해서는 한 푼도 내놓지 않는다고 한다. 그나마 독지가들의 기부금으로 겨우겨우 시설이 운영된다고 아쉬워하면서 자기도 이곳을 곧 떠날 생각이란다. 잘못하면 같이 나쁜 사람 취급을 받게 될 것이기 때문이고. 그런 말을 듣고 있자니 앞에 세워지는 거대한 건물이 흑인 노예들이 지어놓은 백악관과 다를 바 없다는 생각이 든다. 그나마 백악관은 이제 주인이 흑인으로 바뀌었는데 말이다. 그 말의 진위 여부를 떠나 한 가지 분명한 것은, 우리가 대접을 받는 것을 원하지도 않지만 그래도 다른 시설에서는 책임자들이 고맙다는 인사라도 했는데 이곳처럼 우리를 홀대한 곳은 없었다는 사실이다.

종교에 사업이라는 말을 붙일 수 있을까. 물론 종교도 세속화되면서 기업화되는 경향을 보이고 있고 교인의 숫자를 돈으로 환산하여 교회를 사고파는 일까지 있다고는 하지만, 그런 경우는 이미 종교이기를 포기한 예일 것이다. 하물며 장애인들을 들먹이며 치부를 하는 종교인이라니.

그곳을 떠나려고 짐을 챙길 때 몸도 제대로 가누지 못하는 장애인들이 짐을 날라다 주면서 짧은 만남을 못내 아쉬워하는 눈치들이다. 몸이 불편해서 본인의 의사와 무관하게 갇혀 사는 사람들, 그들은 방문했다가 떠나는 차 마다 자기들의 마음을 태워 보내고 있는지도 모른다. 인사를 마치고 짐을 실은 뒤, 차에 올라서 시동을 건다. 차를 막 돌리려는데 뒷 자석 일행이 잠깐 멈추란다. 고개를 들어 차 밖을 보니 키가 비정상적으로 작았던 장애인 한 사람이 손에 흰 종이 몇 장을 쥐고 헐레벌떡 달려오고 있다. 차 창을 내리자 그는 손에 들고 온 종이를 불쑥 차 안에 넣어 준다. 16절 크기의 노트 종이에 붉은 색연필로 십자가가 그려 있고, 그 옆에 '작가님 고맙습니다. 항상 몸 건강하세요.' '사랑해요' 라는 글자가 삐뚤삐뚤 그려져 있다. 세 장인 걸 보니 우리 스태프 모두에게 주는 카드다. 어느새 그림 카드 생각을 하고 이렇게 그려냈을까. 불편한 그들이 도리어 우리에게 건강을 빌어주다니……. 가슴이 미어졌으나 고맙다는 말 밖에는, 어서 건강 되찾아서 가족에게 가라는 말 밖에는 할 말이 없었다. 조금 전까지 악마를 생각하고 있었던 내게 천사가 다가온 것이다.

 새끼들이 계곡 어디에선가 어미 돌아오기를 기다리고 있었을 터인데. 보신을 위해 산에 덫을 놓는 사람들을 내가 어떻게 나무랄 수 있었을까 싶었다. 녀석들은 탈주했고, 나는 여전히 옛일에 갇힌 꼴이다.

## 오소리 가족의 탈주

좁은 굴속에서 오종종 살아가는 오소리 가족이 화면에 나타난다. 어미 오소리는 새끼들에게 젖을 물리고 있다. 그날 밤, 굴 밖에서는 비가 엄청나게 쏟아지더니 급기야 굴속으로 물이 스며들기 시작한다. 오소리 가족은 물에 흠뻑 젖었고, 어디로든지 탈출해야 할 상황으로 내몰린다. 서둘러 밖으로 나온 오소리 부부는 쭈뼛쭈뼛 주위를 살핀다. 굴 뒤로는 지대가 높으니 물을 피할 수 있지만, 녹색 철조망이 가로막고 있고, 앞에서는 물이 차츰 차오른다. 철조망 너머로 갈 수밖에 없다는 판단을 한 것일까, 녀석들은 자기 몸길이의 너덧 배나 높은 철망을 타오르다 미끄러지기를 거듭한다. 이윽고 철망을 넘어간 오소리 부부는 가족이 대피할 만한 곳을 찾아낸 것 같다. 어미 오소리가 철망을 넘어 되돌아가서는 새끼 한 마리를 물고 나와 힘겹게 철망을 넘어서 아비한테 맡긴다.

비는 여전히 쏟아지는데, 어미는 철망 너머로 새끼들 넘기는 일을 멈추지 않는다. 혼자 넘기에도 쉽지 않은 철망을 네 번씩이나 새끼를 물고 넘나들더니만 기운이 많이 빠진 기색이다. 마지막 남은 한 마리, 이젠 녀석을 물고 철망 아래까지 가기도 어려워 보인다. 아니나 다를까, 어미는 몇 번이나 철망 타오르기를 시도하다가 결국 새끼와 함께 바닥으로 미끄러져 버린다. 오소리 어미의 극진한 새끼 사랑에 마음을 쓰던 나는 퍼뜩 떠오른 옛 기억 속에서 심란한 기분을 떨쳐내지 못한다. 그때, 내가 전방부대의 소대장이었을 때, 오소리의 벌거벗은 모습을 처음 보았을 때 나는 도대체 무슨 생각을 하고 있었는지, 지금에서야 씁쓸한 뒷맛이 오소리 굴속으로 물이 차오르듯 하고 있으니 말이다.

전방부대에 가을이 오면 그동안 허물어진 진지를 보강하는 공사가 시작된다. 우리 부대도 조그마한 산에 호를 파고 진지 공사를 하던 중이었다.
"전방에 오소립니다!" "잡아라!"
산 중턱에서 작업하던 부대원들이 법석을 떨기 시작한다. 삽자루를 든 병사들은 산 밑으로 오소리를 몰았고, 아래에 있던 병사들은 위로 몰았다. 이웃 부대까지 합세하여 촘촘히 포위망을 좁혀들자 좌충우돌하던 오소리는 급기야 골짜기로 숨어들었는데 뱃고래가 제법 탱탱해 보인다. 양쪽 능선에서 골짜기까지 쫓아 내려온 병사들은 오소리가 들어간 바위 뒤쪽의 틈새로 삽을 마구 쑤셔댄다. 다른 병사들은 빙 둘러서 오소리가 앞으로 나오기를 기다린다. 나중에는 한 병사가 바위 앞쪽 틈으로도 삽을 쑤셔 넣는다. 그리고 잠시 후 뒤에서 쑤셔대는 삽질에 견디지 못한 오소리가 눈에 불을 켠 채 앞으로 고개를 내미는데, 오소리는 갈고리 같은 이빨로 삽을 단단히 물고 있다. 삽을 잡아 뽑자 삽에 이빨 자국 네 개가 깊이 팬다. 한 병사가 무엇인가로 녀석의 머리를 내리치니 오소리는 축 늘어진다. 오소리 입에 삽자루를 물리고 주둥이를 끈으로 단단히 묶은 다음 네 다리를 삽자루에 매단다. 두 병사가 마치 적의 전리품이나 되는 것처럼 오소리를 들쳐 메고 양양하게 부대 막사로 향한다.
　"몸뚱이가 제법 크니, 오늘 저녁 식사에 기름깨나 뜨겠군!"
　정말 그랬다. 대부분 야생동물이 그러하듯이 오소리는 겨울을 나기 위해 기름을 빵빵하게 비축하고 있었다. 대원들은 오소리의 가죽부터 벗긴다. 네 다리를 벌려 사방으로 당겨 묶고, 배를 갈라 털가죽을 좌우로 벗기니 마치 벌거벗은 사람 모양이 되었다. 몸뚱이가 털가죽으로부터 분리되는 마지막 순간에는 오소리가 몸을 부르르 떨어서 칼을 쥔 병사의 손길이 움찔한다. 그날 저녁, 전 중대원이 모처럼의 기름진 국물로 든든하게 보신했음은 물론이다.

　화면에서는 마지막 새끼 한 마리를 입에 문 어미 오소리가 있는 힘을 다해 다시 철망을 기어오르고 있다. 사력을 다하는 어미 모습을 보노라니 나도 모르게 손아귀에 힘이 모인다. 하지만 힘에 부친 어미는 결국 새끼를 놓치고 혼자 철망을 넘는다. 어미는 철망의 아랫부분으로 가더니 구멍을 내려는 듯 흙을 파헤치기 시작한다. 어미는 새끼를 포기한 것이 아니었다. 한편, 새끼는 혼자 철망을 단단히 잡고 버티다가 어미가 넘어간 철망 끝부분을 향해 몸부림을 쳐댔고, 급기야 철망 끝에 걸려 허우적거리다가 철조망 너머로 떨어진다. 새끼는 잽싸게 어미 품으로 파고들었고.

오소리 가족의 탈주극은 해피엔딩으로 막을 내렸어도 나는 떨떠름한 기분을 떨쳐내지 못한다. 새끼들이 계곡 어디에선가 어미 돌아오기를 기다리고 있었을 터인데 병사들은 녀석의 얼굴에 삽질을 해 댔고, 가죽을 벗기고, 결국 포식을 했던 게 아니었을까. 보신을 위해 산에 덫을 놓는 사람들을 내가 어떻게 나무랄 수 있었을까 싶었다.

녀석들은 탈주했고, 나는 여전히 옛일에 갇힌 꼴이다.

천 년 사랑

*22* 작품 28,688
*23* 천 년 사랑
*24* 진도의 보름달
*25* 나는 압록, 강이로소이다
*26* 울타리 너머
*27* 눈이 녹으면
*28* 큰 나무

일상에서는 긴요한 이음매의 역할을 해내는 못이
때로는 끔찍하고 비인간적인 단절의 비유로 채용되고 있음은
아이러니이다.

## 작품 28,688

  붉은 색깔이 선명한 고추잠자리가 방문자의 손을 타고 서재에 날아든다. 녀석도 아름다움에 취한 것일까. 잠자리는 날갯짓을 잊은 채 예쁘게 도드라진 여인의 젖가슴에 붙어 떠날 줄을 모르고 있다. 이 여인은 한쪽 벽에 비스듬히 서서 방문객들의 시선을 잡는다. 말하자면 사람들에게 말을 걸고 있는 셈이다. 여인을 만난 사람들은 대부분 와-근사하다, 어렵다, 대단하다고 말문을 튼다. 그다음은 촘촘히 못이 박힌 여인의 가슴께를 만져보며 소재로 사용된 못의 의미를 묻곤 한다.

  여인은 수많은 〈못〉을 박아 만든 부조(浮彫) 전신상이다. 못 머리의 크기와 길이를 가늠하여 적절한 높낮이로 박아 여인의 전신에 흐르는 볼륨을 표현한 작품이다. 실제의 인체보다 조금 크고, 소재가 쇠붙이기 때문에 꽤 무겁다. 못 박히듯 응어리진 삶의 무게가 그리 무거울까. 전시장에서 이곳으로 옮길 때는 장정 네 사람이 낑낑거렸고, 작품을 제작할 때는 몇

상자나 되는 못을 철물점에서 사 날라야 했을 것이다.

　못은 목재 등을 잇는 이음매로 쓰이지만, 일상에서도 은유적 표현으로 채용되는 예가 적지 않다. 섬뜩하게도 가슴에 못질한다는 표현이 많이 쓰인다. 가슴에 못질하는, 그런 처절한 일들이 일상에 종종 생긴다는 말이다. 예수는 십자가에 못 박혀 돌아가셨다고 한다. 가장 혹독한 고문이었던 못 박힘의 고통을 감당해냈고, 그것도 자신의 죄업을 받은 것이 아니라 원죄를 가진 인류를 대속(代贖)하기 위해서였다. 하지만 예수는 못 박힘의 고통을 이겨 냄으로써 역사상 가장 위대한 인물로 추앙받는 초인이 되었다. 일상에서는 긴요한 이음매의 역할을 해내는 못이 때로는 끔찍하고 비인간적인 단절의 비유로 채용되고 있음은 아이러니이다.

　사람들은 미술 작품을 감상할 때 작품 속에서 무엇인가 이야깃거리를 끄집어내려고 한다. 그렇다면, 작가는 과연 무슨 이야기를 이 수많은 못 속에 숨겨두었을까. 못이라는 소재를 선택할 때, 자기 메시지를 남아낼 수 있는 형태로 인체를 선택하게 된 것일까. 혹은 인체를 표현할 오브제를 찾아 헤매다가 못을 발견하자, '이거다!' 하며 무릎을 탁 친 것일까.

　〈못〉이라는 소재와 인체가 얼마나 잘 맞아 떨어졌는지는 알 수 없다. 작가가 어떤 생각으로 못을 택했고, 그것으로 조각 작품을 만들면서 어떤 생각을 했느냐에 관심이 갈 뿐이다. 작품은 보는 사람들의 생각이나 눈높이에 따라 그 색깔이 달리 느껴질 것이다. 어떤 방문자는 촘촘히 박힌 못을 보면서 여인의 몸을 구성하는 세포의 성격이 못으로 표현된 것이라는 감상 소회를 말했다. 세포의 성격은 인생의 멍일 수도 있고, 한 땀 한 땀 나름대로 살아간 한 인간의 발자취일 수도 있을 것이다. 다만, 작가는 메시지를 강요하지 않는다. 자기의 작품이 감상하는 사람의 감성에 다가간다면 그것으로 좋을 것이다.

지방의 유명 산방에 들렀을 때다. 문화해설자를 자칭하는 사람이 다가오더니 남종화의 대가인 소치 선생의 작품 앞에서 해설을 시작했다. 앞에 전시된 작품에는 늙은 소나무 3개가 비스듬히 누워 있는데 색조가 조금씩 달랐다. 해설자는 각각의 소나무가 소치의 초년, 중년, 노년을 나타낸 것이라고 말문을 떼면서 소나무 하나하나에 담긴 이야기를 곁들였다. 그러더니 색조가 흐린 것은 힘들었던 시절, 가운데 것은 좀 나아졌을 때, 색조가 가장 잘 나타난 것은 말년의 성공 시절을 의미한다고 엉뚱한 해설을 했다. 이처럼 구상화는 추상화보다는 이야깃거리를 제공할 수 있는 여지가 있기 때문에 본래의 작품성에 대한 곡해의 가능성이 있다. 그런 의미에서 형태가 구체적으로 드러나는 구상화보다는 추상화가 더 음미하는 재미를 줄 수도 있다.

혹자는 작품의 제목에서 실마리를 찾으려 한다. 이 부조의 제목은 28,688이다. 이 숫자는 감상자들에게 호기심을 불러일으킬 만하다. 하지만 사용된 못의 숫자에 지나지 않는 28,688이라는 숫자의 나열이 작품의 작품성과 무슨 관계가 있을까. 숫자로 된 작품명 중에는 제작연도와 몇 번째 작품을 단순히 제목으로 붙이는 경우도 많다. 이 작품도 '못 박힘'이 주는 느낌과 그렇게 만들어진 부조상(浮彫像)의 인상만으로도 메시지는 충분하기에 못의 숫자에 불과 한 것을 작품명으로 삼았을 수 있다. 세월이 흐르면서 못이 변색해가는 시각효과는 작가가 감상자에게 주는 또 다른 감상 포인트이다. 그것은 작품이 가지는 생명력의 또 다른 증거다. 28,688개의 크고 작은 못 높낮이를 조절하면서 못마다 적어도 서너 번의 못질을 했을 것이다. 작가는 십만 번의 못질을 했을지 모른다. 그런 못질의, 못 박힘 끝에 여인의 전신상은 비로소 완성되었다. 작가가 보여주고 싶었던 것은 바로 그것, 수많은 못질이었을 지도 모른다. 그리고 그 못 질의 흔적으로 여인은 남겨져 세월을 타는 것이 아닐까.

　누군가 이 여인 부조상의 볼록한 가슴 위에 붉은색 잠자리를 얹어놓았다. 쉬 날아가지 않는 모형 잠자리인데 그냥 보기에 좋아 놔두고 있다. 딸애가 내 서재에 오면 잠자리를 그냥 놔둘지 아니면 치워버릴지 알 수 없다. 그야말로 작가 마음대로이기 때문에.

23

세계 역사의 중심에서 제국의 터전이 되었던 대국 터키가
보여줄 것 변변치 않고, 자원도 없는 동방의 작은 나라 한국을
무엇이 아쉬워 짝사랑하는 것일까?

# 천 년 사랑

- 천 년을 넘어 이어 온 짝사랑

아름답지만 가슴 아픈 추억만 남기는 것이 짝사랑 아닐까. 이억 만 리 지중해의 한 나라가 한국을 짝사랑하고 있다. 우리나라를 짝사랑한다고 혹 우습게 생각할 나라가 아니다. 동로마인 비잔틴 제국, 오스만 제국에 이르기까지 중앙아시아와 지중해 전역, 북아프리카, 동유럽을 장악했던 역사상 가장 강대했던 나라. 지금도 상상을 초월하는 자원과 광활한 영토, 세계에서 가장 많은 역사유적을 가진 나라이기에 그렇다.

터키인들의 한국에 대한 사랑은 무조건적이다. 터키에 체류하는 이레 동안 다른 유럽의 국가들처럼 동양의 작은 나라에서 온 우리를 얕잡아 보는 시선은 단 한 번도 없었다. 길가의 누구라도 내가 한국 사람이라 하면

불쑥 손을 내밀며 반겼고, 얼굴엔 미소가 번졌다. 상인들도 우리말을 꽤 알고 있었는데 한국 관광객들이 물건값을 많이 깎는다는 것을 훤히 알면서도 일일이 대꾸해 주었고, 흥정만 해 놓고 안 사간다고 짜증 내는 일도 없었다. 가죽제품이 특산품이라서 구두를 사려는데 옆 사람이 반값으로 흥정을 시작하자 구두 한 짝만 가져가라고 하는 익살 속에서도 호의는 여전했다. 또 하나 신기한 일은 사진을 찍으면 고맙다며 즐거워했다. 찍은 사진을 보내줄 것도 아닌데, 터키사람들은 한국인들 카메라에 자기들이 찍힌 사실만으로 행복해하고 있었다.

이런 터키인들의 호의는 경찰이나 공무원, 학생 할 것 없어서 우리를 진정한 형제 나라 사람으로 여기는 증거가 되었다. 그러나 다른 곳도 아닌 터키 땅에서 터키사람들 덕분에 행복했음에도 속으로는 민망했다. 정말 우리가 저들로부터 그런 환대를 받을 자격이 있을까. 저들이 언젠가는 우리 한국 사람들을 싫어하게 되지나 않을까 은근히 걱정되었기 때문이다.

터키인들은 6·25 사변이 일어나자 형제 나라에 전쟁이 났다며 5,000명의 자국 젊은이들을 파병시키려 모병을 했더니 지원병이 15,000명이나 몰렸다고 한다. 그리고 3,000여 명의 사상자를 냈다. 먼저 형제라며 손을 내밀어야 할 사람들은 바로 우리였다. 더구나 터키는 미국, 영국, 프랑스 다음으로 많은 병력을 보내왔던 나라다. 역사적으로 용맹한 전사들이었던 튀르크 민족은 한반도에서 일어난 전쟁에서도 그 용맹성을 여지없이 발휘했다. 특히 '금오리' 전투에서 터키군이 승리하지 못했다면 오늘날의 철책선은 훨씬 남쪽으로 내려와 있을 것이라고 전문가들은 진단한다. 휴전이 되고 나서도 터키군은 우리를 위해 전쟁피해 복구사업을 펼쳤다.

　터키인들은 우리 제품에 대한 선호도가 강하여 오늘날 환란의 때 임에도 우리의 무역역조 개선에 크게 이바지하고 있다. 미국, 중국 다음으로 우리 물건을 많이 수입해 가는 나라이다. 이스탄불 등 도시에서 만나는 현대자동차, 삼성전자의 제품들이 터키인들에게 인기 상품이 된 것은 한국에 대한 형제애 때문이라고 한다.

　-'지중해는 오스만 제국의 호수'
　터키는 한마디로 자원대국이다. 이라크와 연한 동쪽의 광활한 대지는 엄청난 양의 석유가 매장돼 있고, 산은 깎으면 대리석이며, 바다 같이 넓은 소금 호수가 있고, 드넓은 대지는 목화밭, 밀밭, 사탕수수밭, 올리브밭으로 유럽을 대표하는 작물 생산국이기도 하다. 도시는 재개발에 손을 못 댈 정도로 무수한 유적의 무덤이라서 유네스코는 이스탄불 시 전체를 세계문화유산으로 지정했을 정도이다.

　그뿐만 아니라 고대 7대 불가사의 아르테미스 신전 등 기독교의 중요 유적지이면서 수많은 고대유적이 발굴되는 '에베소', 안탈랴의 아폴로 신전, 클레오파트라가 별장으로 삼았다는, 석회석 위를 흐르는 노상 온천지 '파묵칼레', 지구 위에 솟아난 외계 천지라는 꿈의 땅 '파카토기아', 신화의 역사가 살아있는 〈호머〉의 고대 유적지 '트로이', 세계 7대 불가사의인 '성 소피아 사원' 외에도 발굴하고 있는 고대 문명의 유적들은 즐비하다. 또한 '에게 해'와 동서양을 잇는 '보스 파로스 해협' 등 드러난 관광자원만 해도 엄청난 나라다. 지리적으로는 유럽에서는 가장 중요한 지형학적 위치를 점하는 나라가 터키이다.

술래이만 대제 때, '지중해는 오스만 제국의 호수'라고까지 칭해졌을 정도로 터키의 위세는 대단했다. 일찍이 역사학자들은 '신은 터키에 모든 것을 주었다'고 단정했던 이유를 알 만하다. 그러나 신은 늘 공평하다. 터키인들이 수 천 년 동안 세운 모든 문명은 일시에 몰락하고, 다시 일어서기를 반복했다. 백 년마다 찾아오는 대지진이 제국의 위세를 땅속으로 매몰시키곤 했던 것이다. 그러니 터키에 매장된 문화재는 발굴에 끝이 없으며, 세계 7대 불가사의로 지정된 성소피아사원의 경우는 복원에만 100년이 걸릴 것이라 한다.

이 나라의 빈자와 부자의 격차도 대단히 크다. 그러나 길거리의 거지에게 동전을 건네주면 '신이 당신의 지갑에 축복을!'이라 한다. 세계 역사의 중심에서 제국의 터전이 되었던 대국 터키가 보여줄 것 변변치 않고, 자원도 없는 동방의 작은 니라 한국을 무엇이 아쉬워서 짝사랑하는 것일까?

- 짝사랑의 흔적들

'터키'라는 이름은 튀르크에서 왔다. 고대 동양의 역사서에서 '돌궐(突厥)'이라고 칭했던 민족들이 바로 오늘날 튀르크 민족의 직계 조상이다. 튀르크를 중국어로 표기한 것이 돌궐이다. 돌궐은 6세기경부터 중국 역사에 등장했으며 그들의 조상은 중국이나 한반도에 철기 문화를 전해주었고, 기습과 약탈로 진시황제를 괴롭혀 만리장성을 쌓게 하였던 흉노족이었다. 흉노족 이전의 조상에 대해서는 역사적인 기록이 남아있지 않는다고 한다. 하지만 그들이 우리와 같은 알타이어계 언어를 구사한다는 점에서, 또한 우리 민족도 그 기원이 북방 기마 민족에 있었다는 점으로 볼 때, 우리 민족이나 튀르크 민족의 조상은 중앙아시아 초원에서 함께 생활했던 이웃이었으며 더 거슬러 올라가면 같은 혈족이었음을 쉽게 짐작할 수 있다. 그러니 우리의 한 민족의 뿌리에 튀르크가 함께 있었던 샘이다.

돌궐은 세력 확장을 꾀하는 수나라에 대응하기 위해 고구려와 외교관계를 맺었다. 572년에 돌궐의 왕 무칸(Mukhan, 木杆)이 사망하자 고구려가 돌궐에 조문 사절을 파견했다는 기록이 오르혼 강의 비문에 기록되어 있다. 돌궐이 지배했던 중앙아시아의 고분 벽화에도 고구려의 사신도가 그려져 있다.

중앙아시아는 중국의 영향력에서 벗어나 이슬람화가 진행되기 시작했다. 몽골의 원나라는 고려의 왕세자를 인질로 데려다가 몽골 공주와 결혼시켜 고려로 돌려보냈다. 당시 충렬왕의 왕비였던 원나라의 제국공주가 고려로 시집을 가게 되자 수많은 시종이 딸려 보내졌다. 그 시종 중의 상당수가 튀르크-위구르 출신이었음은 물론이다. 그중에서 위구르 출신의 삼가(三哥)라는 인물이 고려의 풍수에 반해 충렬왕에게 귀화를 간청했으며 충렬왕은 이를 받아들여 고려 여인과 결혼시키고 덕수 장(張)이라는 본을 하사해 '장순룡'이라는 새로운 이름을 지어주었다. 이 사람이 바로 오늘날 덕수 장 씨의 시조가 된 것이니 혈연적으로도 형제임이 분명하다.

-부끄러운 형제 나라

 정말 부끄러운 이야기를 해야 하겠다. 터키 대통령은 한국을 3번이나 방문했는데, 한국의 대통령은 유럽 방문길에서까지 한 번도 터키를 들르지 않았다. 그럼에도, 국제기구에서 늘 우리의 손을 들어주었던 이 터키에 우환이 닥쳤다. 1999년에 대지진이 발생하였고, 세계 각국에서 구호금품을 보냈으며, 가장 가난한 나라 방글라데시도 10만 불을 내놓았다. 우리나라의 구호금은 겨우 7만 불. 일본의 20분의 1이었다. 이 사실이 알려지자 시민 단체에서 들고일어나 각종 모금 활동을 통해 100만 불을 만들어서 터키 주재 한국대사에게 전달함으로써 겨우 체면치레를 했다.

 2002 월드컵이 형제 나라 한국에서 개최되었다. 터키는 48년 만에 본선에 진출했고, 조별 예선을 한국에서 치르게 되었다. 지진 성금 모금을 위해 결성되었던 '터키를 사랑하는 사람들'은 또다시 터키에 은혜를 갚을 기회라 생각하고 손님을 맞을 준비에 착수했다. 이제는 우리 국민도 터키가 형제 국가요, 우리의 은인임을 알고 있었기에 손님맞이에 적극적으로 호응했다.

 터키 팀은 브라질과 만났다. 주심은 한국인이었다. 터키의 하산 사스가 천금 같은 선취골을 뽑았다. 터키는 축구밖에 모르는 나라라 할 정도로 축구에 대한 열정이 대단한 나라다. 월드컵이 형제 나라에서 열리게 되자 48년 만에 월드컵 진출의 꿈을 이뤘고, 최강 브라질에 선취골을 얻은 것이다. 그것도 전반 종료 직전이었다. 후반전, 한국인 주심이 명백한 터키 팀의 후리 킥을 두 번이나 놓쳐 버리더니 호나우도가 동점 골을 넣어 비긴 상황에서 브라질 팀에 또다시 페널티 킥을 선언했다. 결국, 터키는 브라질에 졌고, 터키인들의 분노는 극에 달했다. 형제에게 배반당했다고 흥분한 터키사람들은 반 한국 구호를 외치며 시가지를 활보했고, 교민들은 조마조마 애간장을 태워야 했다. 한국인 주심의 페널티 킥 판정이 오심이라는 보도가 잇달면서 첫 월드컵 주심의 영광은 땅에 떨어졌고, 그는 결국 심판 자격을 잃게 된다. 그러나 터키인들의 대 한국 증오심은 오래가지 않았다. 한국이 이탈리아와 스페인을 연파, 4강에 오르자 터키도 4강까지 올라 약속이라도 하듯이 준결승전에서 나란히 져 한국에서 3-4위전을 치르게 되었다.

상암 경기장 관중석에 펼쳐 올랐던 대형 터키 깃발 하나에 그들은 '역시 형제 나라!'를 외쳐댔으며 경기 종료 뒤 함께 어깨동무한 선수들을 보면서 다시 한국에 대한 애정을 되찾았다. 이 대형 터키 깃발은 시민단체인 '터키를 사랑하는 모임'에서 준비한 것임은 물론이다. 승패를 떠나 치러진 3-4위전은 두 민족이 절묘하게 해후한 잔치판이었다. 월드컵이 끝난 뒤 드디어 2005년 4월 노무현 대통령이 수교 48년 만에 처음 터키를 방문하였다. 비로소 두 나라는 진정한 형제국가로서 우의를 다져나갈 수 있는 초석이 세워진 것이다. 그러나 우리 국민은 과연 터키를 얼마나 알고 있을까.

- 물은 스스로 흐르게 하라

초승달과 별이 선명한 터키의 붉은 깃발은 터키인들의 기상이면서 동시에 정복자로서의 붉은 역사를 상징하고 있다. 그들은 자국의 깃발에 대한 강한 애정과 함께 터키인으로서의 자부심이 대단하다. 민가에도 깃발이 꽂혀 있는 집이 많고, 국토를 횡단하다가도 대형 깃대 위에 펄럭이는 붉은 깃발을 자주 보게 된다. 이스탄불에서 앙카라로, 파묵칼레로 가는 길 일천 킬로미터 내내 설경이 절경이었다. 피로 일궈낸 수천 년 제국의 역사를 담은 붉은 깃발이 우뚝우뚝 솟아 하얀 대지에 대비된 모습이 인상적이었다.

   흐르는 물은 절대로 가두지 않는, 그래서 목욕물, 세숫물마저 물마개가 없이 흐르게 하여 사용하는 터키인들. 그들은 수많은 정복전쟁을 치르면서 선혈의 붉은 역사와 함께 했지만, 물이 스스로 흐르게 하듯 피의 역사를 닦고 또 닦아 하얀 제국으로 거듭나는 것은 아닐까. 생각보다 훨씬 더 많이, 동방의 작은 나라, 대지면적 8분의 1밖에 안 되는 코리아를 짝사랑하는 터키. 이제 그들만의 짝사랑은 그만이었으면 한다. 터키인들이 아는 만큼 우리도 그들에 대해 더 학습하고, 그들의 진정한 형제애를 품어주면서 우리들의 애정을 보내주어야 할 차례가 온 것이다. 우리는 어느 나라보다도 정 많은 민족이 아닌가.

진도의 추석달이 유난히 큰 이유를 이제 알 것 같다.
마음구석이 너른 진도 사람들에겐 늘 보름달이
함지박만한 것이다.

## 진도의 보름달

고향 진도에 전기가 없었던 시절. 보름달이 커다랗게 뜬 추석날 저녁이면 마당이 가장 너른 집에 동네 사람들이 모여들었다. 돌담길에 깔린 보유스름한 달빛을 밟고 마당 너른 집으로 찾아드는 것이다. 그곳에서는 하얀 저고리에 검정 치마를 입은 큰 애기(아가씨)들이 마당을 빙 둘러서 손과 손을 잡고 크게 원을 그려 뜀을 뛰며 돌고 돌았다. 안채에 있던 아짐은 카랑카랑 쉰 소리로 북 장단에 맞춰 '소리'를 해 댔다. 그게 강강술래였고, 진도아리랑이었다.

"십오야 밝은 달은 구름 속에서 놀고, 이십 안짝 새 큰 애기는 내 품 안에서 논다."

"아리 아리랑 스리 스리랑 아라리가 났네 에헤에헤 아리랑 흥흥흥 아라리가 났네"

정말 밤하늘에는 동그란 보름달이 구름 사이를 오락가락하고 있었다.

달이 구름 속에서 놀고 있는 것이었다. 나는 반침(쪽마루)에 걸터앉아 흥겨운 리듬 속에서 돌아가는 큰 애기들 사이로 보름달을 보기위해 머리를 쭈볏거렸다. 구름이 비낀 그 달은 명징한 이미지로 내 작은 가슴에 똬리를 틀어 앉았다. 엄마처럼 큰 처녀들은 모두 큰 애기들이었다. 예닐곱에서 스물 댓 살 정도까지 시집 안 간 처녀들이 동네마다 꽤 많아서 추석이면 이 마당에 나와 '강강술래'를 하곤 했다. 여섯 살 꼬마의 가슴을 설레게 했던 큰 애기들은 뒤로 딴 머리를 출렁거렸고, 달빛에 반사하는 흰 저고리, 하얀 얼굴이 너무 예뻤다.

"청천 하늘에 잔별도 많고, 우리네 살림살이 말도나 많다"

달빛이 약해져 깊어지는 곳에는 수많은 작은 별이 밤하늘에 미리내를 이루었고, 세상사에는 말들이 잔별들만큼이나 많다는 것을 그 나이에 알아 차렸던지 고개를 주억거리며 잔별들 속으로 빠져들곤 했다.

이듬해 추석에는 집 마당에 모깃불을 피우고 멍석에 나 앉아 달을 맞았다. 달빛은 마당을 환하게 비추나 집 그림자는 더욱 어둡고 깊게 했다. 달은 유난히 커서 지붕위에 커다란 박이 열린 듯 보였다. 그 추석이 지나면 나는 서울로 가게 될 것이었다. 아버지는 이미 서울에 계시고, 나는 서울서 공부하게 될 것이었다. 스무 살 고모는 강강술래 마당에도 안 가고 나와 함께 우리 집 마당에서 큰 달을 보듬고 있었다. 서울로 갈 조카와의 이별이 아쉬웠던 것일까? 그때 맡았던 모깃불의 향과 흙 향 섞인 멍석의 향기를 고모의 향기로 기억하는 것은 왜일까.

진도에서 맞는 추석 달은 유난히 크다. 까치산 뒤로 불끈 솟아오른 함지박 같은 큰 달은 예나 지금이나 한결같다. 달이 가득 차니 오곡이 풍성하고, 마을 마을에는 정이 넘쳐나는 진도의 추석절을 나는 명절중의 명절로 꼽는다. 달은 풍요와 곤궁을 나눠 비추지 않는다. 달이 뿌리는 은색 빛 가루는 서울로 향한 어린 마음 길을 훤히 비춰주고 있었다.
　큰 비와 큰 바람으로 올 추석은 추수가 예년 같지 않다. 도시에 나간 자식들도 치솟은 물가 때문에 고향 방문하는 마음 보따리가 넉넉잖을 것이다. 그래도 고향에 오면 아직 끈끈한 정이 있고, 시냇가 추억이 있고, 넉넉한 보름달이 있다. 예전처럼 큰 애기들의 멋들어진 강강술래는 아니더라도 손자 손녀와 함께 돌아가는 마당놀이가 재미를 쏠쏠하게 하지 않을까?
　진도의 추석달이 큰 이유를 이제 알 것 같다. 마음구석이 너른 진도사람들에겐 늘 보름달이 함지박만한 것이다.

우리 문인들이 통일의 물꼬를 트는 작은 역할이라도 시작해 보자는.
압록강 탐사 일정이 끝나고 나는 이 가슴앓이를 나 스스로 압록강이
되어서 겪은 것처럼 서사시로 풀어냈다.

# 나는 압록,
# 강이로소이다

　압록강은 잿빛이었다. 역사적으로 수많은 전쟁의 요충지였고 엄청난 희생자의 추깃물로 넘쳐났던 강물의 색깔다웠다. 두만강과 함께 독립군 이야기의 배경으로나 들었던 압록강을 처음 접한 지역은 단둥이었다. 부러진 철교가 강의 중허리까지 뻗어있고, 그 너머 우리 북녘 동포들이 살붙이고 사는 터전이 쓸쓸한 모습으로 놓여있었다.
　강의 유속은 더뎠으나 세월은 흐르는 강의 속도를 넘어선 듯했다. 단둥은 도시화가 화려하게 진행 중이었으나 저편 동포들의 땅은 퇴화가 진행되는 듯 대조적이었다. 그리고 이런 느낌은 압록강 2천 리를 거슬러 오르는 동안 조금도 달라질 기미가 없었다. 강은 폭을 차츰 좁혀가더니 급기야 백두산 서남쪽 발원지는 한걸음에 국경을 건널 수 있는 좁은 시냇물이 되어 있었다. 그리고 이따금 건너다보이는 북한 국경 마을의 모습은 때마다 중국과 대조를 보여 답사길 내내 아픈 가슴앓이를 하게 하였다. 홍수가 나면 흰옷 입은 동포들이 수도 없이 떠내려가고, 저녁에 굴뚝에 연기 나는 집을 보기 드물며, 목숨을 건 밀수행위라든지, 북한을 탈출하다 총 맞아 죽는 북녘 동포들의 이야기. 먹거리를 구하기 위해 벌이는 동포들의 슬픈 사연에 가슴이 먹먹한 여정이었다. 심지어는 배고픔을 해결하기 위해 국경을 넘나드는 매춘까지 생겼다는 것이다. 추운 겨울 얼굴 반반한 여자는 차 안에 싣고, 나이 든 여자는 차 위에 올려 태우고 국경을 넘는데, 그들은 몸을 판 대가로 빵이나 만두 몇 개를 얻어가는 게 고작이라고 했다. 더 기가 막힌 것은 차 위에 태우고 온 여자들이 얼어서 죽어버리는 경우도 있다는 것이었다.

 통일문학포럼이라는 문인단체가 결성되었다. 독일의 경우 동서독 문인들이 작품교환을 통해 베를린 장벽에 균열을 가져왔고, 결국은 베를린 장벽이 무너진 것처럼, 우리 문인들이 통일의 물꼬를 트는 작은 역할이라도 시작해 보자는 취지의 모임이다. 압록강 탐사 일정이 끝나고 나는 이 가슴앓이를 나 스스로 압록강이 되어서 겪은 것처럼 서사시로 풀어냈다. 나중에는 좋은 배경음악과 함께 영상 서사시로 완성하였다. 여기 졸시를 소개한다.


 나는 압록, 강이로소이다


 낮은 곳으로, 낮은 곳으로 나는 흐른다
 해거름 수평선에 까치놀 지도록
 흐르고 흐름은 내 숙명이다.

흐르는 것에는 궤적이 있다
역사는 시간의 궤적이나 내게는 궤적이 없다
나는 모든 것을 품어서 흘려보낼 뿐.

오래전 나는 백두 서남쪽 기슭에서 태어나
온갖 생물을 품으며, 나를 정화해왔다
오로지 하나, 수평을 이루러 내달리는 나는
천길 물떠러지도 겁내지 않았다

수평은 모자람을 채움이다
슬픔을 기쁨으로, 풍요와 부족함의 높낮이를
고루 맞추는 것이다
수평은 내 존재 이유다.

다툼은 오히려 인간들에게서 왔다
늘 그들 다툼의 경계에 선 나는
한반도, 중국, 만주의 요충지였고
러일전쟁, 한국전쟁 때는
수많은 병사의 추깃물로 넘쳐났다

하늘은 노기를 뿜어 천둥 번개로 나를 키우고,
진노의 물동이를 쏟게 하나
이 또한 수평을 이루기 위함이라.

그런데,
벌거숭이산 뙈기 밭 언저리에서
내 거센 흐름마저 거슬러 올라 가슴 에이게 하는
이 소린 또 무언가?

통곡, 통곡, 통곡, 그리고 웃음소리…….
내 언제부터 풍요와 빈곤을 갈라 흘렀나
반세기를 늦추어 살아가는 원시 마을 사람들
그들 뿌리는 눈물의 의미는 무엇인가

물 울타리 건너편 불빛 찬란한데
밤을 밝히지 않는 어둠의 촌락들
저녁이 되어도 굴뚝에 연기가 없는
파란 하늘 아래 잿빛 마을 사람들!

끝없는 굶주림과 노역,
아이들의 잃어버린 표정까지도

일족의 안위를 담보로 삶이 억류당하는
아, 어이할까나, 이 희대의 비극을!

사람들이 굶어 죽어 나간다
건너편에는 흰 밥에 고기 있어
굶어 죽느니 그 목숨 걸어, 나를 건너고 또 건넌다
그래 차라리, 차라리 내 배를 밟고 건너라!

탕 탕 탕!
오. 비명도 못 지르고 붉은 상처로 가라앉아
내 가슴에 안겨들며 생사를 묻고, 또 묻는다
그래 나는 어쩌란 말인가, 내가 어쩌란 말이냐

나는 안다
물살에 섞여드는 이 소리도
내 흐름 거슬리지 못하고 유유히 흘러가
결국은 숨은 여로 수장되고 말 것임을!

이제까지는 없었던 시간이 내게 머물고 있다
비로소 나도 하나의 궤적을 가지는 것이다

흐르는 것을 거스르지 마라

흐르는 것은 흐르게 하라

먼 훗날 이 모든 아픔 하늘바라기 되더라도

그 깊은 궤적, 수평으로 메울 수 있으리니.

'진실은 입장에 따라 달라진다. 기억은 선택되어 간직된다. 어떤 건 지워지고 어떤 건 생생하게 기억된다. 기억의 가닥은 실과 같아서 서로 잘 짜진 다음 벽걸이 장식용 그림이 된다. 그 벽걸이엔 이야기가 담겨 있고, 그 이야기는 우리들의 과거이다.'

## 울타리 너머

    고구마 농사가 제일 쉬운 줄 알고 덤볐다. 밭이랑을 만들고 검은색 비닐로 이랑을 덮는다. 두 뼘 간격으로 비닐 위에 구멍을 내고, 고구마 순을 심은 뒤 구멍 마다 물을 준다. 비닐에 덮여 햇볕이 차단된 비닐 밑 흙에서는 잡풀이 자라지 않는다. 농사 경험이 없어서 밭 두어 고랑을 만드는데도 기진할 정도로 힘에 겨웠다.

    다음날, 동네 어른한테 지청구를 듣는다. 구멍을 뚫지 말고 밭이랑에 검은 비닐만 씌운 채로 한 이틀 두라고. 그다음에 구멍을 내어 고구마 순을 올려야 한다고. 우리 부부는 힘든 작업을 다시 한다. 비닐도 다시 씌워야 했다. 그런데 도시 사람의 농사 흉내 내는 것을 본 토박이 농군의 간섭이 다시 들어온다. 고구마를 그리 깊게 심으면 어쩌느냐, 깊이 심지 말고 둔덕 위에 고구마 줄기를 뉘이고 흙을 덮으라 한다. 그때야 '고구마는 놓는 것이지 심는 것이 아니다.'라고 한 옛말이 생각난다. 고구마 순을 깊이 심기 위하여 애써 굳은 땅을 파느라 힘만 들었던 것이다. 뿐만이 아니라 토박이 농군님은 우리가 애써 심은 고구마 순을 들춰 보여주며, 세상에, 이 파리들이 땡볕을 견디지 못하고 녹아버려서 살아날 가망이 없다고 한다. 비닐 위에 흙을 덮어 그늘을 만들어 주어야 순이 익어버리지 않고, 삼사일 뒤에 구멍을 뚫어 주면 되는 것이었다. 우리 부부는 고구마 농사를 짓기 위하여 세 번이나 헛일을 했던 것이다.

 서울로 올라온 집사람은 다시 걱정이 태산이다. 이번에는 하늘이 돕지를 않는다. 한 달이나 비가 없어 전국이 가뭄으로 난리다. 추수기에 우리는 고구마를 제대로 수확할 수나 있으려나? 세상에 쉬운 일이 없다지만, 그까짓 고구마 사서 먹으면 되지 뭣 하러 그 고생을 하느냐 하겠지만, 고구마 농사 하나 짓는데 이렇게 시행착오를 많이 하리라고 예상이나 했을까? 그러나 그 고생을 했으니 수확한 고구마 맛은 정말 다를지 모르겠다. 글은 왜 쓰느냐, 책 사보면 될 것이지……. 글쓰기를 접어버린 지인의 말이 생각난다. 혹 글 농사도 이와 같지 않을까?

 아름다운 삶을 살아온 사람은 아름다운 글을 쓴다고 한다. 상처받은 사람한테서는 아름다운 글을 기대하지 말라는 말처럼 들린다. 상처받은 사람이기에, 마음을 열기 전 경계심으로 글이 아름다워질 수 없다는 말로 이해하란 말인가? 같은 덩어리의 상처라도 생각하기에 따라 밀도가 달라지고 밀도에 따라 무게감이 다를 수 있을 것이다. 하지만 정말 아이러니하게도 아름답고 좋은 글은 상처받은 사람에게서 나온다고 했다. 계곡이 깊을수록 산은 도리어 높은 것, 좋은 시는 아픈 상흔 위에 피어난다고 하지 않는가! 유승우 시인은 팔을 잃었다. 그의 왼팔은 빈 소매 속에 늘 찬바람이 일었다. 그를 오늘의 대 시인으로 만든 것은 찬바람이 이는 빈 소매가 아니었을까? 상처가 없는 사람은 없다. 그러고 보니 우리는 누구나 좋은 시인의 텃밭을 가지고 있는 것 같다.

지나간 일은 가슴에 남긴 상흔이든 영광스런 기억의 갈피든 간에 추억이라는 예쁜 포장에 쌓인다. 이 추억은 인생이라는 줄기에 주렁주렁 달린 것이고, 마치 고구마의 줄기를 들어 올리는 것처럼 옛일을 기억하는 것은 추억을 들춰내는 실마리가 될 것이다. 이파리가 무성하게 자라 고구마 순이 많은 줄기는 오히려 고구마가 덜 여문 법이다. 양분을 고구마 순 거느리는데 나눠주느라 정작 고구마는 실하지 못하게 되는 것이라니, 인생을 고구마 농사를 지으며 살아가는 농군의 마음으로 가꿔볼 만하지 않은가!

\*'진실은 입장에 따라 달라진다. 기억은 선택되어 간직된다. 어떤 건 지워지고, 어떤 건 생생하게 기억된다. 기억의 가닥은 실과 같아서 서로 잘 짜진 다음 벽걸이 장식용 그림이 된다. 그 벽걸이엔 이야기가 담겨있고 그 이야기는 우리들의 과거이다.'

우린 이 과거를 추억하며 살아갈 것이다. 과거는 추억이라는 울타리에 들어설 때 아름다워질 수 있고, 설혹 그것이 아픈 상처였더라도 곱게 아물 수 있지 않을까. 울타리 너머에 있는 상처는 잊혀지는 과거일 뿐이다.
\*어느 외화의 앤딩에 흐르던 글귀

장애인들은 자기들이 가진 장애 때문에 인생에서 누려야 할 하나를
잊고, 포기하고 살아간다.
그럼에도 그들에게는 인생이라는 짐이 버겁다.

# 눈이 녹으면

　어느 눈이 내리던 날, 복지사로부터 전화가 왔다. 장애인들이 재방문을 원하고 있는데, 한 번 더 방문해 줄 수 있느냐고. 이제껏 이 일을 하는 동안 재방문을 요청받은 것은 처음이었다. 〈요셉의 집〉 책 나눔 퍼포먼스를 다녀온 지 2개월이 지나서였다. 요셉의 집을 다시 방문하는 그 날도 눈이 내렸다.

　복지사한테 들은 이야기는 새삼 나 자신을 추스르게 했다. 내가 방문하기 전날, 그 시설이 생긴 이래 장애인들이 자발적으로 대청소를 한 것은 처음이었고, 여성 장애인들은 전날부터 화장을 하더라고. 내가 한 일이 정말 그 정도의 가치가 있는 것인지 무안하기만 했다. 조금만 진정성으로 접근하면 마음을 활짝 열어주는 그들이었기에 마찬가지로 이들의 마음 문을 닫게 하는 것도 하찮은 것일 수 있지 않을까.

　나는 다시 그들과 마주앉았다. 내가 줄 것은 첫 방문 때 이미 전달했기에 그냥 담소하면서 함께 사진을 찍는 정도였지만 뜻밖에도 책 내용에 대한 독후 감상들도 오갔다. 특히 중증 장애환자들은 책을 탐독했는지 속 깊은 내용을 들쳐가며 즐거워하는 표정들이다. 그리고 책표지 그림에 유난히 관심을 보였던 한 여성 장애인, 그녀의 잔잔한 미소를 다시 접할 수 있었다.

　처음 방문하던 그때도 하얗게 눈이 내렸다. 장흥을 지나 남양주로 넘어가는 고갯길은 덮인 눈 탓인지 신선들만이 넘나드는 길 같았고, 풀풀 날리는 눈발은 어떤 리듬을 타고 내 차 주위를 맴돌아서 마치 나를 환영하는 하얀 요정들 같았다. 이렇게 좋은 눈도 천지를 은빛으로 만들어 놓을 때뿐이지, 그 녹아버린 뒷모습은 아쉬움만 남긴다. 눈이 전하는 진정한 의미는 무엇일까.

　요셉의 집은 중증장애인들을 돌보는 복지시설이다. 나는 복지사의 안내로 조그만 강당에서 기다리고 있던 이십여 명의 장애인들을 만났다. 하얀 눈이 내리는 날, 작가가 찾아왔다. 소설가라는 특별한 손님 탓일까, 기대에 들뜬 표정들에는 동심이 잔뜩 어려 있었다. 시각장애인들을 위해 만든 낭독 시디를 잔잔하게 틀어놓고 인사를 했다. 그 순간부터 선한 눈동자들과의 교감이 시작되었던 것이다. 하얀 백지의 표지에 어떤 색으로 표지그림을 그려줄까 물었을 때, 그들의 표정은 새로운 체험에 대한 호기심으로 충만해졌다. 장애인들은 특수 제작된 붓으로 그림이 만들어(?)지는 것을 지켜보면서 연방 좋아라 했고, 자기들 이름으로 사인을 해서 책을 건넬 때는 가슴팍에 안아 받고 있었다. 롯데 음료에서 찬조하는 칸타타 캔 커피도 한몫을 했다.

 작가를 만나고, 작가가 그려준 표지그림에 자기 이름으로 사인한 책을 받고……. 어떤 장애인은 뜻밖의 선물에 눈시울을 적시며 고맙습니다, 감사합니다를 연발했다. 진정 고마운 것은 오히려 나였는데. 그들은 내게 새로운 기를 불어넣어 주고 있다. 베풂을 받는 사람이 베푸는 사람에게 더 많은 것을 베풀어 준다는 것이 내가 얻은 진리 아니던가.

 "이따금 도움을 주시는 분들의 방문이 있습니다. 그분들이 가지고 오는 물품이나 기부금은 시설의 운영에 요긴하게 쓰이고, 장애인들에게 골고루 혜택이 돌아갑니다. 그런 고마운 분들 때문에 이런 시설들이 운영되는 것이지요. 그런데, 그런 방법의 기부는 장애인들에게는 실감이 나질 않는 모양입니다. 그분들이 방문하여 기념촬영이나 하고 갈 때, 장애인들은 상처를 받는다고도 합니다. 이들은 그렇게 민감한 사람들이지요. 오늘, 작가님의 방문은 장애인들 한 사람 한사람에게 오래 기억될 추억을 남겼고, '이것은 네 것이다'하고 귀한 책을 가슴에 안겨주셨습니다."

 복지사의 말이었다. 약속된 퍼포먼스를 마친 다음 중증 환자라서 자리를 뜨지 못하는, 아래층 환자들을 방문했다. 문을 열고 들어가자 네 개의 침상에 환자들이 누워 있는데, 주변이 아주 청결한데도 역한 냄새가 났다. 참기 어려울 정도였지만 이런 환경에서 날마다 살아내는 환자들과 도우미들을 생각하며 기꺼이 책을 건넸다. 장애인들의 따뜻한 전송을 받으며 정원으로 나오니 아직도 흰 눈은 축복처럼 쌓이고 있었다.

"선생님, 학번이 어떻게 되세요?"

조금 눈치가 달라 보였던 장애인이 내게 묻는다. 그녀는 휠체어를 타고 있는데 미술대학 출신이라고 복지사가 귀띔해 준다. 그녀는 나와 학번이 같은 사실에 특별한 의미를 두는 듯하다. 명문인 E 여자대학교 미술대학을 졸업하고 K 대학 학생회장 출신 남자와 신혼살림을 차려 생활하던 3개월째 나던 날, 연탄가스는 꿈에 부푼 신혼부부를 이승과 저승으로 갈라놓았다. 남편은 저세상으로, 자기는 이 시설에서 30여 년간 신세를 졌다. 복도에는 그녀가 그린 그림들이 몇 점 전시되어 있다. 같이 미술대학을 졸업했는데 한 사람은 휠체어에 앉아서 책을 받고, 한 사람은 그림을 그려 책을 건넨다. 밖에 내리는 눈은 세월이 그리는 그녀 삶의 추상화를 알아차릴 수 있을까?

장애는 누구에게나 불시에 찾아올 수 있다. 우린 모두 예비 장애인일 수 있다. 그것은 우리가 장애를 남의 일로 볼 수 없는 이유이고, 장애가 있는 사람들에게 편견을 가져서는 아니 될 이유이다. 장애인들은 자기들이 가진 장애 때문에 인생에서 누려야 할 하나를 잊고, 포기하고 살아간다. 그럼에도 그들에게는 인생이라는 짐이 버겁다. 그런 장애인들의 짐을 우리 비장애인들이 함께 짊어져 살아가야 마땅한데, 그들에게 차별과 비하의 시선을 보냄으로써 도리어 짐을 보태는 경우가 있다. 인생은 어차피 행불행이 교차하는 삶이다. 밝은 면과 어두운 면이 교차하고, 흑백이 양립하는 것이 삶이다.

  눈으로 하얗게 덮인 세상, 그 순백의 아름다움도 한때 아닌가. 우리가 정말 하얀 세상에 살고 있다는 착각은 얼마나 갈까. 눈이 녹으면 무엇이 되냐고 누군가 물었다. 눈물이 될까. 눈이 녹으면 봄이 된다고 다른 누군가가 대답했다. 그렇다. 눈이 녹으면 질척이는 땅이 싫다고 하얀 눈을 마다할 일이 아니다. 눈이 녹으면 누구에게나 따스한 봄이 올 것이므로.

치악의 정상에서부터 수십 고비 흘러내리는 계곡 물이 백운산방 마당 옆 웅덩이에 이르러서 잠시 쉬어 흐른다.
장 선생이 흐르는 물에게 쉼터를 만들어 준 것이리라.

# 큰 나무

내가 이리 안내했으니, 오늘 점심은 내가 삽니다. 그는 우리 일행 한 사람 한 사람과 미소로 눈을 맞추며 말했다. 큼직한 체구에 걸맞은 큰 눈은 강한 흡인력으로 우리를 압도했다. 아닙니다. 오늘은 제가 낼 것입니다. 우리 중 한 명이 바로 말을 받았으나 장 선생은 손을 내저으면서 장지갑을 열어 보인다. 아니에요. 이래 봬도 용돈은 두둑해요. 그리고 이 집 음식이 참 괜찮아요.

그 어른은 소형 승용차를 타고 내려와 우리를 맞았다. 큰 몸집이 작은 차에서 빠져나오는 모습은 그 다운 생활의 단면을 보는 것 같았다. 훤칠하게 큰 키에 백발이 성성하고 잔주름이 많았지만, 눈빛은 90살의 연륜을 무색하게 할 정도로 총총했다. 서글서글하고 천진스러운, 누구라도 포용할 듯한 눈빛. 눈빛이 천진스러운 사람은 마음이 착하다. 그래서 눈은 마음의 창이라 하지 않던가. 그가 우리를 데려간 곳은 중국 요리 집이었다. 30도를 웃도는 된더위 속에서 모처럼 시원한 치악의 언저리를 찾아들었는데 불로 요리하는 중국집이라니 좀 의아스럽기는 했다. 장 선생은 종업원들의 깍듯한 안내를 받으며 주저 없이 2층 계단으로 향했고, 두 사람이 그를 부축했다. 치악의 파란 하늘은 녹음이 치받고 있고 넓은 창이 트인 전망 좋은 방에는 동그랗게 회전식 식탁이 준비되어 있었다.

장 선생 말대로 음식이 맛깔스러웠다. 그는 요리 이야기며 건강 이야기를 편하게 건네면서 젊은 후배들을 다독이듯 분위기를 이끌어갔다. 우린 젊다고 했지만 오륙십 대였다. 장 선생의 그런 여유가 부러웠다. 나이 90에 몸은 간암 진단을 받아 며칠 뒤에는 수술을 받으러 갈 사람이다. 나이 들수록 생에 대한 애착이 커진다는데 장 선생에게 저런 호기는 어디서 비롯된 것일까. 언제 세상을 떠나실지 모른다는 생각에서 우린 서둘러 방문길에 올랐던 것인데.

장 선생은 그의 저서 〈빈산엔 노랑꽃〉에서 대만에 갔던 일을 적고 있다. 대만에는 객자 성을 가진 사람들이 살고 있다고. 중국 고대역사상 가장 문명이 발달했던 나라가 송나라인데 이 나라를 이끈 종족이 객자 성씨였단다. 송이 패망할 때 객자 성씨는 대만까지 내려왔고, 장개석이나 손문 등이 그 후손들이라 했다. 장 선생이 만난 사람도 객자 성씨 중 한 사람이었는데 선생 일행에게 젊은이들 나이가 몇이냐고 묻더란다. 두 사람이 여든이라고 대답하자 자기는 아흔넷이라며, 젊은이들을 만나니 기쁘다고 호기를 부리더라 했다. 지금 그 장 선생 연세가 아흔이니, 우리 오륙십 대가 젊긴 젊은 편이다. 그러고 보니 최근에 들어서 지금처럼 내 스스로 젊다는 생각을 해 본 적이 없는 것 같다.

　식사가 끝나고 일행은 장 선생의 거처인 백운 산방으로 향했다. 치악의 계곡을 연한 곳에서 오른쪽으로 돌아들자 조그만 옥수수밭과 고추밭이 나타났고, 텃밭의 경계로 시멘트와 목조를 잘 조화시킨 현대식 건축물이 나타났다. 우선 눈에 띈 것은 회백색의 높다란 담이었는데 상단의 마감처리가 들쭉날쭉하여 영화에서 보았던 미개 부족마을의 울타리를 연상시켰다. 담을 끼고 돌아선 뒷면은 적갈색으로 나무의 표면 같은 질감을 살려내고 있어 주변과 조화가 잘 되었다. 계곡을 가로질러 세워진 중앙고속도로의 둔중한 교각이 치악 골의 풍광을 막아서 있었는데, 이 담은 자연스럽게 시멘트 교각을 가려줄 뿐 아니라 방음벽 역할까지 하고 있었다.

　2층 구조인 백운 산방은 응접실에서도 침실에서도 계곡의 풍경을 조망할 수 있도록 넓은 창을 내고 있었다. 장 선생은 이곳 백운 산방의 열린 처소에서 온갖 동식물들의 유희에 동참하며 자연과 동화되어 살아가는 자연인이었다. 간암이라면 치명적인 병이다. 그러나 선생의 표정에서 죽음에 대한 두려움 같은 것은 찾아볼 수 없었다. 그는 남의 얘기 하듯 자신의 병에 대해 담담하게 말을 꺼냈다.

　"의사의 말을 듣고 참 기가 막혔지. 죽을 병 걸렸다고 생각하니 말이야. 나처럼 건강 확실하게 챙긴 사람도 드물 텐데 왜 하필 내가 그런 몹쓸 병에 걸렸나 싶었고, 분노가 치밀어 올랐어. 한 동안 그 분노를 삭혀내질 못했어요. 나중에는 나 빼놓고 모두 건강한 가족들까지 원망스럽더라니까. 그런데 말이야, 병원에 가보니 그런 환자들 천지더군. 그건 내게만 내려진

천형이 아니었다는 것이지. 그걸 보고서 맘을 고쳐먹었다니까. 나라고 병에 걸리지 말라는 법이 있겠느냐 생각하니 도리어 이젠 편해졌어. 사람이 아파 보아야 세상을 알게 되는 것 같아."

분노를 삭이기 어려웠다……. 나이 90인 사람이 병에 걸렸다고 분노를 삭이지 못하였다니! 예상하지 못했던 말이었다. 젊어서는 건강하나를 자산으로 모진 고생을 하면서 큰 기업을 이루어 냈고, 그런데도 자식들에게는 한 푼도 기대지 못하게 하여 자수성가를 시켰던 장 선생. 이젠 몸이 쇠약해진 아내를 위하여 치악으로 들어와 새로운 삶을 시작한 지 10여 년이 되었다.

그의 글을 읽어보면 산에 있는 모든 날짐승이나 들짐승, 꽃과 온갖 종류의 나무들이 백운 산방의 식구들이다. 장 선생은 매일 산을 오르내리면서 그 많은 식구와 대화를 나누고, 자기를 자연에 동화시키며 살아가고 있다. 그가 나무라면, 나무 중에서도 큰 나무임이 틀림없다. 그런데 병이 들었다. 하지만 병으로 아픔을 느끼면서 비로소 삶을 알아가는 것 같다고 말하고 있다.

전쟁을 겪으면서 남쪽으로 내려와 어렵게 삶의 터전을 잡았고, 큰 기업까지 일구었다면 모진 세상의 풍상을 이겨내었을 것이다. 이제 나이 구십인데, 죽을병에 들어서야 새롭게 세상을 알아가고 있다고 말하는 어른! 우린 얼마나 더 살아내야 세상을 바로 알게 될까.

치악의 정상에서부터 수십 고비 흘러내리는 계곡 물이 백운산방 마당 옆 웅덩이에 이르러서 잠시 쉬어 흐른다. 장 선생이 흐르는 물에 쉼터를 만들어 준 것이리라. 오늘은 하얀 오리 네댓 마리가 한가로이 물회오리를 즐기며 흐르는 물을 좇고 있다.

  우리를 배웅하는 장 선생은 와이퍼처럼 손을 흔든다. 백미러에 나타난 선생의 모습이 어느덧 큰 나무 한 그루로 자리하고 있었다. 그는 그 병을 이겨내지 못하고 이듬해 세상을 떠나시었다.

# 꽃섬

29 꽃 섬
30 700년 전 불발 쿠데타
31 백두여, 하늘 연못이여!
32 황색 리본
33 그들만의 캐슬
34 '독도는 우리 땅'이 아니다
35 잃어지는 것들

마라도에서의 유배생활 한 달 째 되는 날 나는 바다 멀리로 유배지를 떠나보내야 했다. 내가 또 이런 곳에서 나만의 시간을 가질 날이 있을까. 생에 마지막 기회였을 그 기간을 난 정녕 살리지 못한 채 자발적인 유배를 마감한다.

# 꽃 섬

    방마다 문 앞에 실내화가 가지런하다. 실내화는 글 바다에서 현실의 세계로 빠져나오는 거룻배 노릇을 한다. 복도 문을 조용히 열고 잔디 마당에 발을 디딘다. 쾌청한 하늘 아래 파란 물 주름 하얗게 부서지는 소리, 늘 그 자리에서 단 하루도 같은 가슴을 열지 않는 너른 바다! 현실의 방에서 글은 날개를 얻는다.

    해변 길을 따라 삼사십 분 굽어 걸으면 제자리로 돌아오게 되는 작은 섬을 걷는다. 좁다란 굽돌이 길에 검은 현무암이 줄줄이 따라오고, 그 너머의 파도는 검은 문턱을 넘지 못해 안달이다. 섬의 남단은 바다로 비껴 내리고 길은 다시 오르막이다. 성당 앞에 발길을 멈춰 돌아서니 부챗살 시계(視界)가 하늘과 바다를 수평선으로 가른다. 한껏 팔을 벌리니 와락 안겨드는 바닷바람에 바다가 가득 실린다. 나를 비워내지도 않은 채 이 바다를 다 품어 안고 싶다.

    먼 바다를 향해 선 하얀 성모상이 두 손을 모으고 있다. 막장의 시대, 나락으로 떨어져 가는 인류를 위해 단정한 성모상은 바람 갈퀴가 뺨을 후려도 표정 하나 바꾸지 않고 서 있다. 성모상은 나를 초라하게 만들고 내가 여기 온 이유를 돌아보게 한다.

　마라도 기원정사가 요사채 5개를 작가들에게 제공하였다. '자발적 유배의 시간'을 만들어 글을 쓰라 한다. 자발적인 유배, 각박한 세상에 이런 시간을 가질 수 있다니 참 기껍다. 마라도는 자생력이 거의 없는 섬이다. 초록색이던 풀밭이 사흘 만에 갈색으로 변해 버린, 믿기지 않는 현장을 직접 보았다. 바닷바람에 실려 온 염분이 순식간에 초목을 고사시켰다. 고기잡이 말고는 모두 본섬 제주에서 가져와야 하니, 유배지로서는 '최적'인 셈이다. 나는 이곳에 유배되었다. 외부 세계로부터 나를 가두고 사유의 프레임을 단순화시켜 글을 쓰기에는 안성맞춤인 이곳에 기꺼이 갇힌 것이다. 내 글 그물에 무엇이 걸려들까. 혹 나의 그물이 허상은 아닐까 조바심이 이는 가운데 아까운 초침은 지나고 있다. 그런데 하늘과 바다가 호응하여 이 인위적인 프레임을 여지없이 깨버리는 일이 일어난다.

　새벽녘이면 마라도 서쪽으로 산책을 나선다. 해안을 따라 발걸음이 동쪽 끝에 이르면 정확하게 일출 시각과 만나게 된다. 아스라한 바다의 끝 하늘이 내려앉은 곳에 붉은 기운이 어리기 시작하곤 했다. 하루도 거르지 않았던 햇살 마중! 털어버리지 못한 문명의 흙겁을 그 햇살에 사르고 나면 내 그물망은 더욱 촘촘해질 거였다. 그러나 그날, 일출은 서양 자두꽃(무이파)의 회오리 뒤로 모습을 감추어버린다. 바다 멀리 몸 자락을 눕히고 있는 하얀 물거품의 띠가 차츰 마라도 앞바다에 육박해오고, 돌개바람이 섬을 싸돈다. 시나브로 태풍이 오고 있다는 전조(前兆)다. 섬 부리에 부딪 흰 파도는 7~8미터로 솟아오르고, 하얀 포말은 그 위에서 갈기를 세운다. 정작 태풍이 닥치면 이보다 두 배는 높은 파도가 덮친다니, 파도가 이십 미터로 솟는다면 쓰나미 같은 재해가 닥칠지 모르는 상황이다. 예기치 못한 큰 손님, 하지만 두려움보다 설렘으로 기다려지는 것은 모르는 세계에 대한 호기심 때문이리라. 이곳 작가들은 모름지기 호기심에서는 유별난 별종들이 아닌가.

전국이 수해로 난리라는데 그동안 비 한 방울 없었다. 그날, 저녁이 되자 창문 틈새로 비집고 들이닥친 날파람에 여인이 비명을 질러댔다. 밤새 울어대던 여인네의 날카로운 비명은 정녕 바람 귀신 소리였을까? 새벽부터 비바람이 요사채를 마구 후린다. 어슴푸레 아침이 들자 우리는 바다에 접한 소법당으로 비바람을 뚫고 내달린다. 법당의 보호 아래 바다를 휘젓고 있는 거대한 괴물의 몸태질을 확인할 참이다.

창밖의 아침 바다는 말 그대로 난장과 같다! 강한 바람에 실린 빗줄기는 비수로 난분분하고, 무게를 못 이긴 먹장구름은 바다를 갈라 섞여든다. 먼 바다가 서서히 일어나 섬 앞바다를 빨아들이면서 웅장한 물 벽으로 융기한다. 놈의 몸집이 커지고 높아지면서 옥색 갈기가 둥글게 말리니 영락없이 거대한 코브라다. 코브라 바로 뒤에서는 또 다른 물 벽이 바다를 일으켜 수평선을 지워나가는데, 마치 눈 덮인 히말라야 준령이 바다를 몰고 다가서는 형상이다. 천기(天氣)가 괴물의 몸태질에 비바람으로 호응하고 있다. 괴물이 작은 섬을 물어뜯을 때면 거품은 구름 되어 하늘로 날아오르고, 섬 자락을 가차 없이 핥으면 해변의 구조물들은 속절없이 휩쓸려간다. 바다는 이미 바다가 아니다. '무이파'라는 괴물이다. 괴물의 에너지는 사흘 밤낮을 요동치면서 바닷속 퇴적물을 끌어 올려 섬에 쏟아 붓고 쏟아 붓는다. 섬은 열흘간 '무이파'의 치맛자락에 쓸려 상처투성이로 진저리를 쳤으며, 괴물은 바닷속에 버려진 마라도의 쓰레기를 솎아내어 송두리째 되돌려 놓는다. 조그만 섬은 하늘에서 내리는 온갖 잡살뱅이들로 뒤덮인다. 섬 둘레의 검은 현무암 위에는 하얀 스티로폼이 끝도 없이 피어나고, 섬은 하얗게 꽃잎을 두른 '꽃섬'이 된다.

  나는 '무이파'와 함께 몸살을 앓는다. 괴물이 바다를 향해 하악골을 벌리면 나는 괴물보다 앞서 바다를 삼킨다. 스스로 거대한 괴물이 되어서 바다를 일으켜 하늘을 덮는다. 괴물은 내게 커다란 자양분이다. 나는 열흘 동안 괴물이 되어 스스로를 부풀렸다. 아름다운 섬이 찢겨나가도 아랑곳하지 않았다. '나'라는 괴물은 큰 바다의 가슴으로 누워있는 섬을 반드시 하늘로 띄워서 설혹 그것이 생채기라도 한 송이 '꽃'을 피워내고 싶었다. 그러나 나는 지금까지 아무것도 토해내지 못하고 있다. 무한 상상으로 채워질 내 글 창(window)에는 '무이파'만 들어앉아 있다. 나는 지금도 글 그물 안에 걸려든 괴물을 어쩌지 못하고 있다. 녀석은 여전히 내가 감당하기엔 너무 크고, 두렵고, 외경스러운 존재로 걸려 있다.

  마라도에서의 유배생활 한 달째 되는 날, 나는 바다 멀리로 유배지를 떠나보내야 했다. 모진 풍파를 그대로 받아내던 동화 같은 섬. 삼백 제곱미터 그 작은 섬에 갇혀 있었지만, 천 배는 큰 바다와 함께 있었으며 나는 그곳에서 만 배는 큰 하늘을 보았다. 내가 또 이런 곳에서 나만의 시간을 가질 날이 있을까? 생에 마지막 기회였을 그 기간을 난 정녕 살리지 못한 채 자발적인 유배를 마감한다. 해수 관음보살의 따스한 품에서 자연에 순응하는 섬, 마라도. 상처 위에 핀 하얀 섬이 아니라 진정 아름다운 꽃섬으로 사랑을 받았으면 한다.

유배지를 떠나온 지 2개월, 나의 글 그물에는 아직 괴물이 걸려 있다. 괴물은 내게 글 한 줄 제대로 못 쓰는 핑계를 제공하고 있다. 괴물을 볼 때마다 정말 유배지를 떠나온 것일까 되물으면서 나는 다시 유배지로 되돌아온 착각 속에 살고 있다. '무이파'라는 괴물은 이젠 서울, 대도시 안에서까지 나날이 그 갈기를 키워가고 있는 것이다.

주민들이 만들어 낸 역사적인 국악 오패라 삼별초,
진도를 새롭게 조명할 전기로 키워내는 것은 결국 섬 안에서의 자생력을
다듬는 일이 될 것이다.

# 700년 전
# 불발 쿠데타

둥둥둥둥둥…….

건장한 사내 두 사람이 두드리는 큰북소리, 객석의 눈과 귀가 무대로 집중된다. 북소리가 고조되어 심박동과 하나를 이룰 때 무대에 운무가 서리더니 두루마기를 입은 사람이 커다란 붓을 어깨에 메고 나타나 미리 깔아놓은 천위에다 큰 글자를 일필지휘(一筆指揮)한다. 삼별초(三別抄). 커다란 족자가 둥둥둥 떠오르면서 무대를 상하로 가른다. 극의 시작을 알리는 시각 행위예술이다.

평화롭게 살아가던 진도 섬 주민들에게 병사들이 들이닥친다. 반군들이라는 소문과 달리 대(大)몽고국으로부터 나라를 지켜내려는 삼별초임을 알게 된 진도사람들은 기꺼이 합류하여 항 몽 전선에 뛰어든다. 무대는 진도의 용장 산성, 그러나 결국 연합군에게 밀리고, 병력 소수만이 탐라로 탈출할 뿐, 삼별초 군과 진도의 자원병들은 장렬한 최후를 맞이한다. 온

왕이 처형되고, 삼별초군 장수의 죽음과 함께 장례행렬이 이어지면서 무대는 막을 내린다. 극 중에는 여주인공 동백과 삼별초군 장수의 사랑 이야기가 복선으로 깔리면서 극의 시종을 이끌어준다.

〈삼별초〉는 진도 출신 소설가 곽의진 선생의 극본으로 만들어진 국악 오페라다. 대부분의 극 중 대화가 창(唱)으로 되어 있고, 효과음도 우리 전래 악기를 사용하여 감정의 굴곡을 조율해간다. 고려조정이 몽골에 항복하려 하자, 이에 반기를 든 삼별초 군은 진도에 진주하여 왕자 온을 왕으로 세우고 용장 산성에서 오랑국을 세운다. 한때 전주에까지 그 세를 확장하면서 대몽 투쟁을 전개하였지만 결국은 역사에 패자(敗者)의 기록으로 남기게 되는 고려 시대의 불발 쿠데타였다. 국가의 대환란에 진도는 터를 제공하였고, 수만의 양민들이 희생되었다. 그러나 삼별초에 대한 유적이 즐비한 진도에 위령비 하나 없는 것이 현실이다. 작가 곽의진은 공연 뒷마당에서 삼별초 위령비 건립을 제안한다.

이 극의 참신함은 수십 명의 출연진 모두가 순수 아마추어이고 현재 진도 섬 주민들이라는데 있다. 막걸리 주전자만 보면 바쁜 일손이라도 놓고 판소리가 절로 나오는 진도군민들. 이들이 직접 삼별초 장수의 갑옷을 입고, 장수가 되고 그 시대의 백성이 되어 두 시간 가까운 시간을 무대 위에서 연기와 창으로 오페라 배우의 역할을 소화해냈다. 물론 연기력에서는 프로에 미칠 수 없었으나 그들의 열정과 기량은 삼별초의 구국정신을 되살리기에 충분하였다.

서예가의 큰 붓으로 삼별초의 개막을 알린 시각효과, 전래전통악기로 시종한 청각효과, 진도 상엿소리로 대미를 장식한 장례의식 등, 기획의 참신성이 돋보였다. 그럼에도, 무대가 내려질 때 마지막 부분에서 감동의 여진이 부족한 것은 왜일까. 소재의 무게감을 덜어 낸듯한 원작의 희화성과 함께 기획의 참신성이 곧바로 감동으로 연결될 수만은 없음을 방증하는 것은 아닐까.

공연장 객석에는 호남지방의 대표적인 정치인들 모습이 눈에 띄었고, 진도를 고향으로 둔 목포시민이 객석 대부분을 채웠다. 공연 뒤풀이에서 이들은 〈삼별초〉의 중앙무대 진출과 전국순회공연 및 해외진출을 거론하였고, 몇몇 행정가들도 지원을 화답하여 박수를 받았다. 그 자리가 힘겹게 준비하여 성공적인 공연을 해낸 스태프들과 출연자들을 위한 뒤풀이 장소이긴 했다. 그리고 출연진들이 아마추어라는 점을 고려할 때 나름대로 높은 기량을 보여준 것도 사실이다. 그러나 중앙무대는 그야말로 프로들의 경연장이라는 것을 염두에 두어야 하지 않을까? 그곳에서는 아마추어라는 프리미엄, 진도군민들이라는 프리미엄이 없다. 진도사람들이 많이 살고 있고, 지리적으로도 인접한 목포까지만 해도 그 프리미엄 효과가 있었을 것이다. 하지만 프로는 하루아침에 만들어지지 않는다. 오페라는 가장 출중한 노래와 연기력이 요구되는, 고도의 프로들이 펼쳐 보이는 무대예술이다.

진도는 가난한 섬이다. 없는 돈 써가며 어렵게 중앙무대에 올라와서 결과에 조마조마할 이유가 없다. 생각해 보자. 농사하는 분들 농사 못 하게 하려면 일당을 얼마나 주어야 할까. 중앙무대에 진출하려면 이들을 위한 스태프진들도 새롭게 점검해 보아야 한다. 이제까지의 과정에서 가능성을 보았다면 그야말로 프로처럼 다듬는 작업이 필요하다. 쉬운 일이 아니다. 무대장치도 더욱 보강해야 할 것이며 스토리 라인도 더 풍성해 질 필요가 있을 것이다. 그야말로 투자가 너무 많이 요구되는데 그렇게 해서 성공했다고 가정할 때, 정녕 진도에 돌아오는 것은 무엇일까. 진도를 진돗개 섬으로도 만들지 못하는 판에 새롭게 삼별초 섬으로 바꿀 것인가? 그렇다면, 진도에는 삼별초 유적지 보 개수라는 또 다른 막대한 부담을 지게 될 것이다. 게다가 현재 엄청난 프리미엄을 가진 진돗개의 캐릭터라이징에도 혼선이 따를 수밖에 없지 않을까 염려된다.

　국악 오페라 삼별초는 앞서 살펴본 대로 분명한 강점이 있다. 그것을 살리는 방법이 최선이라는 생각에서 다음과 같은 방법을 제안하고자 한다. 〈삼별초〉는 현지 주민들이 직접 무대에 선다는, 세계 초유의 오페라라는 강점을 그대로 살려 나간다. 그 가능성을 믿고 차분히 다듬고 연기력을 키워 꾸준히 진도에서 공연을 지속한다. 객석을 채우려면 진도의 졸중한 무형문화재들을 동원하여 그들의 기량을 뽐내는 무대로의 활용을 검토할 필요가 있다. 무대는 토요민속극장과 국립남도국악원을 병용하는 방법이 있을 것이다.

　관광정보계통을 통해 이를 홍보하고 국내외 관광객들에게 꾸준히 어필하다 보면 준비하는 정도와 수준에 따라 그만큼의 반응들이 따를 것이다. 〈진도에 가면 군민들이 직접 출연하는 높은 수준의 판소리 오페라를 볼 수 있다〉는 입소문이 언론에 오르내린다. 궁극적으로는 서울에서 관심을 두고 진도를 찾아오게 되고, 전국에서 찾아들게 되고, 나아가서는 외국에서 코리아의 작은 섬 진도에 관심을 두게 될 것이다. 이 비슷한 예는 세계 곳곳에 있다. 진도는 진돗개, 시, 서, 화, 창 이외에 새롭게 삼별초라는 창극 오페라의 섬으로의 독특한 관광지 이미지로 떠오르게 될 것이다.

　노인들이 많은 가난한 섬 진도. 이들이 떠나가고 나서 진도는 어떻게 될까를 걱정하지 않을 수 없다. 지금도 동네마다 폐가가 속출하고 있고, 많은 홀로 사는 노인이 외로움 속에서 썰렁한 집을 지키고 있다. 많은 지자체가 경쟁적으로 귀향정책에 안간힘을 쏟고 있다. 관광이 활성화되면 고향을 떠난 사람들이 귀향하는 일이 많아질 것이고, 집 떠난 자손들이 돌아올 수 있는 꺼리를 마련할 때 진도는 비로소 가난을 떨쳐버릴 수 있을 것이다.

　주민들이 만들어 낸 역사적인 국악 오페라 삼별초, 진도를 새롭게 조명할 전기로 키워내는 것은 결국 섬 안에서의 자생력을 다듬는 일이 될 것이다.

우리는 왜 백두산을 찾는가. 이곳에는 과연 무엇이 있는가.
어떻게 민족의 정기가 이곳으로부터 발원했다는 말인가.
이곳에 와서 사람들은 왜 눈물짓는가.

# 백두여,
# 하늘 연못이여!

버스가 서서히 고산지대에 들어서자 백두의 위용에 굴복한 모든 나무가 무릎을 굽혀 정상 쪽으로 자지러들고 있다. 이윽고 백두산의 턱밑에 다다르니 하얀 뭉게구름을 면류관처럼 머리에 이고 하늘로 솟은 백두산 자태가 드러난다. 수 세기 전, 이 거대한 산은 밑에서부터 끓어오르는 정한 기운을 마침내 분출, 하늘을 향해 그 입을 한껏 벌렸고, 마저 삼키지 못했던 천지의 물을 지금도 머금고 있는 것이리라. 잔디처럼 곱게 깔린 고산식물대를 가로지르니 2천여 돌계단이 기다리고 있다. 운이 좋았는지 백두의 머리 부분은 하얀 구름 한 점뿐, 청정하다.

천지 백여 미터 아래 계단을 오르던 중 위에서 깡총깡총 뛰어 내려오는 한 소녀를 만났다. 한국 소녀다. 천지, 잘 보입니까? 넘~ 아름다워요! 소녀는 들떠 있다. 일정상 그곳에 더 머물지 못해 아쉬워하는 표정이 역력하다. 가슴이 설렌다. 정상에는 많은 관광객이 여기저기서 사진 포즈에 열을 올리고 있다. 그들 너머에 천지는 우리를 기다리고 있으리라. 단숨에 계단을 박차고 오른다. 천지 앞에 우뚝 선다.

"아!"

이런 것이 탄성인가! 탄성은 저절로 나왔어도 이내 입이 다물어진다. 뒤편에서 들리던 왁자한 소음이 한 덩어리로 묶이더니 앞에 전개된 침묵의 바닷속으로 빨려든다. 두렵고 무거운 침묵! 숙연하고 장대한 고요가 시야를 압도해온다. 천 년 침묵의 덩어리가 펼쳐져 있다. 태초부터 그곳에서 우리 민족의 수많은 사연을 침묵으로 품어온 것이리라. 천지를 둘러싼 봉오리 봉오리마다 그 사연의 흔적들이 빗금 되어 천지로 흘러들고 있다. 거대한 침묵의 바다로. 천지는 모든 것을 품는 위대한 가슴이다.

우리는 왜 백두산을 찾는가. 이곳에는 과연 무엇이 있는가. 어떻게 민족의 정기가 이곳으로부터 발원했다는 말인가. 이곳에 와서 사람들은 왜 눈물짓는가.

답은 바로 이곳 천지에 있었다. 말로는 형용이 안 되는, 보석 같은 천지의 물과 코발트 빛 하늘의 조화! 천지에 병풍처럼 둘러쳐져 투영된 봉오리 봉오리들, 침묵의 바다에 깔린 신비로운 적요! 천지의 언어는 오로지 하나, 침묵이다. 너무 많은 말을 그 침묵으로 대신하고 있다. 일제로부터 오직 민족의 해방을 위해 칼을 갈았을 독립투사들의 결기가 백두 천지에서 포효하고, 천지는 이를 침묵으로 품어내고 있다. 무릇 말로는 형용할 수 없는 천지의 언어로!

    하산 길 버스 안에서 나는 그 감동을 즉흥시로 풀어내 낭송하였고, 일행은 자기들이 받았던 감흥을 대신 표현해 주었다며 박수로 환호했다. 졸부의 언어로는 부족했던 천지, 여기에 그 졸시(拙詩)를 옮긴다.


백두여, 하늘 연못이여!

천지 가득 민족의 하늘 담고
태초부터 반도에 웅자 틀어
세세토록 한 얼이 되어 준
백두(白頭)

장엄하다, 장엄하다!

오천 년 세월 빗금 진 돌계단 위
살 차게 우주로 열린 네 위용
천기 서린 물빛에 보석이 된 하늘 연못
벅찬 가슴 풀어
여기 설렘의 눈물 뿌린다

골 안개도 비 무리도 벗개고
청수정 해안(解顔) 햇살 가득한 천지는
마르고 갈라진 한(恨) 동여 맬 혼으로
정기 씻고 채워 둔 민족의 혈이다

하늘빛 이룬 성지 천지여,
나 이제 너를 두고 떠나나
금 간 역사의 비문(碑文) 바로 서는 날까지
또 다른 나는 백골 한뉘토록
천지에 천추(千秋)로 남고 싶어라.

아들을 잃은 한 어머니는 울부짖었습니다. 왜 나를 악마로 만드느냐, 엄마로 살고 싶다고.
조도의 밤바다에 어화가 피었습니다. 맹골 밤하늘에 불꽃이 피어났습니다. 노란 리본들은
바람이 있는 한 희망의 갈기를 펄럭일 것입니다.

## 황색 리본

하늘을 이고 사는 바다의 내공으로, 웅대한 태양의 열정으로 감당치 못할 장관이 살아 움직이던 곳, 한없이 경이로웠던 바다. 그 바다는 높고, 하늘은 차라리 낮았습니다. 감히 인간이 범접할 수 없는, 율리시스가 갇혔던 헤라 여신의 바다였습니다.

- 수필 '바다칸타타'중에서 -

조도의 앞바다는 그랬습니다. 그렇게 아름다운 바다에서 나는 '바다칸타타'를 노래했었습니다. 햇살 든 새벽 바다, 그 바다에 그 햇살 여전한데 지금은 서러운 침묵을 품은 통곡의 바다로 바뀌어 있다니요! 팽목항에서 바다를 향해 망연히 앉아 있는 어머니들의 뒷모습은 서서히 돌조각이 되어가고 있습니다. 배가 가라앉은 두 달째. 살아 돌아온 사람은 돌아오지 못한 이들 때문에, 사랑하는 자식을 가슴에 묻은 어미들은 그 한을 다스리지 못해 통한의 생체기를 바다에 토해내고 있는데, 생환의 염원을 떨치지 못하는 황색 리본들만 팽목의 바닷바람에 서러운 날갯짓을 하고 있습니다. 진도 실내체육관을 메웠던 실종자 가족들이 하나 둘 떠나고, 남은 가족들은 오로지 내 아들 시신이라도 찾아만 달라고, 끝까지 자식을 찾지 못해 나중에는 혼자만 남겨지지나 않을까 두려움에 가슴 졸이고 있습니다. 생떼 같은 자식들, 아이들 앞으로 육박해 들었을 바다, 그 시퍼런 바다가 얼마나 무서웠을까요! 기울어가는 뱃바닥을 손가락이 문드러지도록 긁어 오르며 차오르는 바닷물에서 벗어나려 애타게 불렀을 엄마야! 아빠야! 아비규환 속에서 마지막 처절했을 절규를 떠올리면 먹먹한 가슴을 어쩌지 못할 뿐입니다. 세월호 어느 구석에선가 겁에 질린 학생들에게 단원고의 한 선생님은 이렇게 학생들을 다독였을 것입니다.

"기운을 잃지 마라! 우리나라가 어떤 나라냐. 조금만 견뎌내라. 구조대가 반드시 우리를 구조해 줄 거다."

그러나 로마 교황님까지 기도하셨다는데, 온 나라가 황색 리본을 달며 애타게 실종자들의 생환을 기원했는데, 하늘은 끝내 기적을 보여주지 않았습니다. 세계 일류 국가라 큰소리치던 나라가 두 달간 단 한 명도 구조하지 못하고 부끄러운 치부만 속속 건져 올리고 있습니다. 전 국민이 슬픔의 나락에서 헤어나지 못하는데, 이 나라를 침몰시킨 악마는 따로 있었습니다. 세월호의 참사는 승객들을 외면하고 제 살길 찾아 탈출한 승무원들의 잘못 만은 아니었습니다. 구원파 교주일가의 잘못만도, 감독기관이 커넥션에 몸부터 사린 해경의 잘못만도 아니었습니다. 국민의 안위를 최종

적으로 책임져야 할 곳에서 자기들이 컨트롤 타워가 아니라고 발뺌했던 윗 머슴들의 잘못 만도 아니었습니다.

어린 학생들에게 '움직이지 말고 기다리라'던 어른의 말, 천추의 한이 될 그 말의 뿌리에 똬리를 틀고 있었던 것은 경제 논리를 좇느라 철학을 멀리 했던 우리들의 한심한 자화상이었습니다. 화폐로 쌓아올린 대한민국의 자존심은 세월호와 함께 가라앉아버렸습니다. 천만금으로도 바꿀 수 없는 사람의 목숨, 뒤늦게 컨트롤타워였음을 알아차린 그들만의 국가는 이제 무엇으로 목숨을 대신해 줄 건가요? 아들을 잃은 한 어머니는 울부짖었습니다. '왜 나를 악마로 만드느냐, 엄마로 살고 싶다'고.

조도의 밤바다에 어화(漁火)가 피었습니다. 맹골 밤하늘에 불꽃이 피어났습니다. 노란 리본들은 바람이 있는 한 희망의 갈기를 펄럭일 것입니다. 표리부동한 맹골 바다의 물길은 어미들의 가슴으로 흘러들어 펄펄 끓고 있는데, 수많은 젊은 꿈들을 그렇게 허무하게 접어버릴 수는 없는데, 우리는 더 이상 기적을 바랄 수 없게 되었습니다. 세월은 세월호를 덮고 세월호의 참상을 잊게 할지 모릅니다. 그러나 그대들 생환을 염원하여 전국 곳곳에 묶였던 황색 리본은 안전한 나라가 되기를 소망하는 희생자들의 징표로 묶여 영원히 남겨질 것입니다. 참으로 어처구니없는 사고, 어처구니없는 어른들, 어처구니없는 구조에 희생된 안타까운 영령들이시여 부디 영면하소서. 2014년 6월 읍합니다.

33 천 원짜리를 당당하게 건네던 할머니의 표정, 받아들면서 머리를 조아리던 그의 환한 미소! 그들 사이에 오고 간 조그만 지폐 한 장의 행복이 천금 같은 울림을 준다.

## 그들만의 캐슬

 "큰 성의 성주(城主)가 되었는데, 삼천 원짜리 국수가 웬 말이야!"
 행주산성 아랫마을에는 소문난 식당들이 많다. 그중에서도 '원조 국수' 집은 맛있고 양 많고 값싸기로 유명하다. 한옥을 고쳐 식당으로 쓰는 안방에는 독일의 유명한 고성(古城) 노이슈반스타인 사진이 한쪽 벽에 가득 들어차 있다. 17년간 지은 이 성은 디즈니랜드의 모델이 된 아름답고 화려한 성인데, 친구가 이 고성 사진 앞에 앉아 너털웃음을 웃으며 한 말이다. 하긴 강남의 아파트 한 채 값이면 유럽의 성(城)도 살 수 있다고 하니 아파트 이름에 캐슬을 붙인 것도 일리가 있다. 마이카 시대를 꿈처럼 생각하던 때가 엊그제 같은데, 이젠 세컨드 카를 고민하는 시대가 되었다. 우리나라도 부자나라가 되었구나 하는 생각을 많이 하게 된다.
 캐슬을 두어 채씩이나 가진 강남 부자들의 씀씀이는 가히 상상을 뛰어넘는다. 물론 그런 부를 쉽게 이룬 것은 아닐 터이니 이젠 돈 좀 쓰면서 여유롭게 살 만도 하다. 예전에 우리가 선진국 사람들의 풍요로운 모습을 보면서 얼마나 부러웠던가. 그러나 돈이 많으면 걱정도 많고, 돈이 적으면 걱정거리도 더 적은 법이니, 돈이라는 것은 늘 같은 양의 행불행을 동반하는 것이 아닌가. 그러니 세상에 적당함만큼 좋은 게 없다는 생각을 해 본다. 부자나라를 만들기 위해 고생은 같이해 놓고, 그 부자 측에 끼지 못한 사람들은 공평 분배에 대한 회한을 풀지 못해 거리 시위에 나서고 있다. 그 적당한 만큼도 가지지 못한 사람들이 대다수라는 데에 우리 사회의 문제가 있는 것은 아닐까.

친구 내외와 우리 부부는 어렵게 시간을 맞추어 여름휴가를 함께 떠났다. 차는 어느덧 대관령을 넘어선다. 강릉은 높은 고개를 넘어야만 만날 수 있는 곳이라선지 항상 이국적인 멋을 풍긴다. 강릉에 도착한 우리는 재래시장부터 찾는다. 재래시장은 어느 곳이든 그 지방의 독특한 색깔이 있기 때문에 첫 기착지를 재래시장으로 잡곤 하였다. 모퉁이를 돌아서면 바로 시장이고, 여기는 비교적 한산한 장소라서 주차를 하던 중이다. 우리는 보기 드문 할머니의 모양새에 눈길을 뺏긴다. 왜소한 몸에 구부정한 허리, 두 손에 지팡이를 짚고 어기적어기적 거미처럼 걸어서 조그만 좌판으로 다가가고 있는 할머니의 모습이 보인다.

"할머니."

"순사님, 내요? 이제 막 갈긴데요, 갈라 카는데……."

할머니는 우리를 순사로 안 모양이다. 친구가 우린 순사가 아니라며 그거 팔 거냐고 물었을 때야 할머니는 경계의 눈빛을 거둔다. 공권력, 그것은 꼬부랑 할머니의 좌판에까지 예외가 없었던 모양이다. 차창 밖으로 말을 건네던 친구는 차에서 내려 할머니 좌판 앞으로 간다. 그가 할머니의 연세를 물으니 잘 모른다며 여든아홉이라 하는 사람도 있다고 대답하는데 그 모습이 남의 이야기를 하는 듯싶다. 세월에 눌려서 너덧 살 아이처럼 왜소해진 몸집에 꺾어진 허리, 쪼글쪼글하고 까칠한 얼굴에다 움푹 팬 눈두덩에서는 새카만 눈동자가 반짝인다. 할머니는 나무지팡이에 의지하여 조그만 광주리 옆으로 가더니 시멘트 바닥에 털썩 주저앉는다. 할머니보다 더 커 보이는 광주리는 조그만 손수레에 얹혀서 끈으로 묶여 있는데, 연약한 몸으로 혼자 끌러 내리기가 힘겨울 것 같다. 나도 얼른 차에서 내려 거든다.

시멘트 바닥에 내려진 광주리 뚜껑을 여니 여러 종류의 나무뿌리 말린 것들이 노끈에 묶여 차곡차곡 쌓여 있고, 그 옆으로는 때 묻은 보자기가 무엇인가를 덮고 있다. 어쩌면 할머니 삶의 모든 것일 수도 있어서 더 살펴보기가 거북했지만, 친구는 오히려 호기심을 보인다. 용인에서 한약방을 하는 그가 약초 뿌리를 집는데 옳지! 싶다. 그는 이따금 지방에 들러 한약재를 사가곤 했기 때문에 내심 할머니 약초를 사주길 바란 것이다. 할머니는 간장에 좋은 거라며 밑을 들춰 보이면서 친구의 눈치를 살피는데, 살 것인지 말 것인지 몹시 애가 타는 모양이다. 친구는 황기를 몽땅 집어 올리면서 할머니와 흥정을 시작한다. 그래! 다 사려는가 보다. 짐짓 물건값을 깎자고 했을 것이다. 그렇게 하는 것이 그냥 값을 쳐 드리는 것보다 더 할머니를 대접해 드린다는 생각을 했을지 모른다. 그러나 할머니는 뜻밖에 고개를 살래살래 흔든다. 친구는 다른 것을 얹어서 사려는 기색으로 아예 보자기를 까발리고 광주리 안의 잡동사니를 하나하나 확인한다. 서너

개비 남아 배가 쭈그러든 담뱃갑과 성냥, 귀 후비개, 먹다 남은 과자 봉지, 그리고 손수건으로 싸여 밑바닥에 놓인 손바닥만 한 사진 액자. 또, 귀퉁이에는 지폐 몇 장이 돌돌 말려 고무줄에 감겨 있다. 오늘 내놓은 한약재를 모두 사겠다는 친구의 말에 할머니는 젊은이 복 받겠다고 응수하면서 작은 얼굴이 활짝 펴진다.

할머니, 자식들은 없어요? 친구는 약초를 끄집어내면서 묻는다. 내요? 자식이요? 딴 나라에……. 둘이 있지. 어디 외국에서 살아요? 연락이 없어요? 할머니는 갑자기 멍한 표정이 되더니 합죽이 입을 앞으로 내밀며 시큰둥하게 대답한다.

"무슨 캐슬에서 산다는 건 알아요. 캐슬이 뭐래?"

캐슬이면 성(城)을 말하지 않는가. 그런 성은 우리 강남에도 많이 있으니, 딴나라 성인지 우리 강남의 캐슬인지 모를 일이다. 왜 자식들 따라가시지 않았느냐고 묻자 자식이 있으면 뭘 하느냐며 손수건으로 싼 조그마한 사진액자를 만지작거리다가 과자 봉지 밑으로 슬쩍 밀어 넣는다. 그 질문은 아니 한만 못한 것 같다.

할머니는 광주리를 덮으려다 말고 친구로부터 받아든 돈을 가지런히 펴서 귀퉁이에 있던 돈 묶음과 합친 다음 다시 말려다가 멈칫한다. 할머니는 문득 천 원짜리 한 장을 뽑아들더니 사방을 두리번거린다. 등 뒤쪽으로 얼굴을 돌려 천 원짜리가 들려진 손을 흔들면서 아주 능숙한 손짓으로 누군가에게 수신호를 보낸다. 그때다. 무척 왜소한 장애인 한 사람이 좁은 골목 어귀에서 얼굴을 삐쭉 내밀더니, 할머니 곁으로 기우뚱기우뚱 다가오고 있다. 나이는 오십이나 되었을까. 아마도 어려서 소아마비를 앓았나 보다. 그는 얼굴이 환해지면서 몇 번이고 머리를 조아리며 물끄러미 쳐다보는 우리에게도 겸연쩍은 미소를 보낸다.

천 원짜리를 당당하게 건네던 할머니의 표정, 받아들면서 머리를 조아리던 그의 환한 미소! 그들 사이에 오고 간 조그만 지폐 한 장의 행복이 천금 같은 울림을 준다.

"얼른 가야 해!"

할머니는 갑자기 긴장된 표정으로 바뀌면서 서둘러 좌판을 정리하였고, 천 원을 받아 든 그는 할머니의 재촉을 신호로 서둘러 손수레를 밀고 앞서는데 그 모습은 도리어 손수레에 끌려가는 것 같다. 할머니는 몸을 구부린 채 양손의 지팡이에 의지하여 뒤뚱뒤뚱 그 뒤를 따라간다. 그때 길모퉁이에서 완장 두른 사내가 나오더니, 마치 오리 떼를 모는 선머슴처럼 성큼성큼 그들을 쫓아간다.

손수레꾼은 언제부터 할머니의 부름을 기다리고 있었을까. 그들만의 캐슬은 어디일까. 재래시장 안으로 사라져 가는 그들의 잔상이 눈앞에서 떠나지 않는다. 휴가에 달 뜬 마음이 슬며시 가라앉는다.

자기 집 마당에 있는 감나무를 자기네 감나무라고 우길 것인가?
우리는 정말 이렇게 대답하여야 한다. 독도에 서서 일본을 향해
'대마도는 우리 땅'이라고 맞불을 놓아야 한다.

## '독도는 우리 땅'이 아니다!

　우리 집 마당에는 오래된 감나무가 있다. 해마다 노란 단감이 주렁주렁 잘도 열린다. 옆집에는 포도나무가 있다. 원래 그 포도나무는 우리 집 마당에 있었는데 언제부턴가 옆집 마당으로 편입되어 지금은 내 포도나무라고 말도 못 꺼내는 형편이다. 그런데 옆집 주인이 우리 집 마당에 있는 감나무까지 자기네 것이라고 우기기 시작했다. 우길 뿐 아니라 동네방네에 자기네 것이라고 떠들고 다니는 것이다. 나는 무어라고 해야 하는가? 포도나무 뺏어가더니 이젠 감나무까지 내놓으란다고 해야 하지 않을까? 옆집에서 '감나무는 우리 나무다'라고 하니 나도 '감나무는 우리 나무다'라고 해야 옳은가?

　"독도는 우리 땅이다!"
　한국에서도 일본에서도 '독도는 우리 땅이다'라고 외친다. 독도는 누구

네 땅인지 모르니 따져 보자는 일본인들의 외침에 우리가 그러자고 대꾸하고 있다. 이 같은 응수는 일본인들의 '독도 분쟁 지역화'에 동조하는 말이 되어 버린다. 일본인들이 독도를 자기네 땅이라고 외칠 때 한국 사람들은 '서울은 우리 땅'이라고 응수하는 것과 같다. 일본인들이 독도를 자기네 땅이라고 우기니 아니야, 우리 땅이라고 우기다니! 이건 정말 웃기는 코미디다. 우리는 "대마도는 우리 땅이다!"라고 되받아야 한다. 남이 내 것을 자기 것이라고 우기면 우리도 남의 것을 내 것이라고 우겨야 논리에 맞다. 그러니 '독도는 우리 땅'이라고 우리가 강변하는 것은 오류다.

  조선 시대 지도 대부분에도 대마도는 분명히 우리 땅으로 표기되어 있다. 국보 248호인 조선방역지도에는 "백두는 머리, 태백은 척추, 영남의 대마도와 호남의 탐라를 양발로 삼는다"고 쓰여 있고, 1786년 일본인 하야시 시헤이가 제작한 삼국접양지도 원본에도 대마도는 한국 땅으로 표시되어 있다. 독도가 누락된 지도는 있어도 대마도가 우리 땅에서 빠진 지도는 없다. 저들은 대마도를 자기네 땅으로 하고 이젠 독도마저 뺏으려는 것이다. 독도는 물론, 대마도도 우리 땅인데 말이 되는가?

  3년 전 동일본 대지진 이후 일본이 달라졌다. 일본을 이끌어가는 사람들이 말도 안 되는 말들을 쏟아내고, 독도는 아예 자기들 땅으로 굳힌 모양새이다. 교과서에서는 역사를 왜곡하고, 정신대를 인정하지 않는가 하면, 안중근 의사를 테러범으로 몰면서 전범들은 영웅이라고 강변하는 중이다. 이런 극우경화 현상은 반복되는 지진과 방사능 공포에서 벗어나려는 자국민들의 본토 이탈심리와 맞물려 권력욕에 눈 먼 위정자들의 낯 뜨거운 망언으로 나타나고 있다. 결국, '아베노믹스'는 가장 중요한 우방인 중국, 한국과의 거리감만 키우는 자가당착에 빠져들고 있다. 이런 상황이니 독도는 자연스럽게 국제분쟁지역으로 부상하고 있는 것이다. 이에 맞장구라도 치듯 우리도 여전히 '독도는 우리 땅'이라고 노래로, 강연으로 외쳐댄다. 전 대통령이 독도에 다녀온 뒤 이제는 대통령까지 나서 독도는 우리 땅임을 국제 사회에 알렸다고 언론은 쓰고 있다.

독도는 우리 땅이 맞다. 독도는 역사적으로나 실효적으로나 문헌상으로 우리 주민이 살아온 우리 땅이 틀림없다. 그런데도 독도는 우리 땅이라고 새삼스럽게 외쳐야 하겠는가. 자기 집 마당에 있는 감나무를 자기네 감나무라고 우길 것인가. 서울을 구태여 우리 땅이라고 외쳐야 하겠는가. 우리는 정말 이렇게 대답하여야 한다. 독도에 서서 일본을 향해 '대마도는 우리 땅!'이라고 맞불을 놓아야 한다. 무심히 독도는 우리 땅이라는 노래를 따라 부르지도 말 것이며, 지금부터라도 말의 의미하는 바를 제대로 알고 쓸 일이다.

불행하게도 우리는 우리글을 이처럼 잘못 쓰는 예가 많다. 물리치료실에 갔더니 물리치료사가 다음과 같은 말을 했다.
"왼쪽 다리를 끝까지 올려 볼게요."
나는 왼쪽 다리를 끝까지 올렸으나 그 말뜻이 교묘했다. '볼게요'라는 말은 화자의 의지가 들어 있는 말이므로 물리치료사 본인이 자기 다리를 올려야 한다. 그녀는 다시 말한다. "이제 내릴게요." 그런데 다리는 내가 내리고 있다. 치과에서는 간호사가 "입을 크게 벌릴게요."라 하고 정작 입은 내가 크게 벌린다. 이 같은 예는 너무 많아서 열거하기도 어려운데, 우리는 그러려니 그냥 넘기고 있으니 이러다가 정작 우리말이 어느 지경까지 헝클어질지 걱정이다. 왼쪽 다리를 올려보시라고, 입을 크게 벌려주시라고 하자. 의료진은 환자에게 말을 정확하게 전달하여 제발 오진(誤診)율이나 낮춰보았으면 좋겠다.

일찍 찾아온 화신(花神)을 맞는 시민들의 말 표정이 전파를 탔다.
"꽃이 다 폈어요! 너무 기분이 좋은 것 같애요."
이 말에서 '너무'는 용언을 부정적으로 한정하는 부사이다. 이에 대응하는 '참'이나 '정말' '아주'로 바꿔 써야 맞다. 또 하나 '같아(애)요'의 경우는 우리가 이 말을 너무 흔히 사용하고 있어서 이상하게 들리지도 않는 상황까지 왔다. 추운 것 같아요, 아름다운 것 같아요, 신날 것 같아요, 재미있는 것 같아요 등 말끝마다 '같아요'를 붙이고 있다. 명료하게 하자. 자신 있게 말하자. 좋았다고, 춥다고, 아름다웠다고, 참 신이 났다고, 재미있었다고.

독도는 우리 땅이니 앞으로는 뜻을 제대로 알고 옳은 말을 쓰자. '대마도는 우리 땅이다'라고. '~게요'는 많이 일반화된 언어 습관이지만, 특히 병, 의원에서는 '게요, 게요'를 잘못 써 오진율을 높이는 우를 범하지 말자. 좋은 것은 좋았다고 하고 신 난 것은 신이 났다고 분명하게 자신 있게 말하자. '너무 아름다운'이 아니라 '참 아름다운'으로 말하여 참 아름다운 우리 언어문화를 다시 꽃피우자.

사랑이란 그 떠남을 아쉬워하는 사람들이 만들어낸 그리움의 대치어는 아닐까?
떠나보냄은 비워내는 작업이다. 하지만 채워지지도 않았는데 비워내려니. 얼마나
가슴이 아렸겠는가

# 잃어지는 것들

지인이랑 식사를 끝내고 다른 장소로 이동 중 여직원의 전화를 받았다. 조금 전 식당에서 구두를 바꿔 신고 갔다는 전화가 왔다고. 기업카드의 영수증에 찍힌 정보로 전화번호를 알아낸 모양이다. 말도 안 된다, 난 내 구두를 제대로 신고 있었다. 그쪽에서는 CCTV에 찍혔으니 얼른 와서 바꿔 신고 가라면서, 손님이 떠나지 못하고 기다린다고 한다. 내 구두를 다시 확인해 본다. 착용감이 좀 이상한 것 같았으나 오늘따라 검정 구두로 바꿔 신고 나와서 그러려니 한다. 더구나 내 구두는 바늘 뜸 모양의 패턴이 있어 바뀔 염려가 없었다. 아무리 보아도 나는 내 구두를 제대로 신고 있었다. 직접 전화를 걸어 구두가 바뀌지 않았다고 잡아떼는 내게 그쪽은 더 완강하다. CCTV에 찍혀있다는 말에 혹시나 싶어 내 구두를 또 확인한다.

바늘 뜸 패턴이 끝나는 부분에 '우티'라는 영문 장식이 있는데 조금은 낯설어 보였다. 더구나 그쪽은 자기 구두에도 바늘 뜸 무늬가 있다고 강변하고 있어서 잘못되었을 수도 있겠다는 생각이 든 것이다. 결국 우린 서로의 행선지를 가로지르는 지점에서 만나 멋쩍게 웃으며 각자의 구두를 찾아 신고 헤어졌다.

  그쪽의 구두가 명품이라서 되찾으려 애를 썼을까? 두 신발이 너무 똑같았고 그쪽도 내 것도 새 구두는 아니었다. 내 것과 거의 똑 같은 남의 것, 그것이 낡았다 하더라도 내 것은 내 것이고 그의 것은 그의 것이었던 모양이다. 그것은 애착이다.

"세상에 내 것은 하나도 없습니다. 매일 세수하고, 목욕하고, 양치질하고, 멋을 내어보는 이 몸뚱이를 '나'라고 착각하면서 살아갈 뿐"이라고 프란치스코 교황은 말했다. 어차피 내 것 아닌 세상 살아가면서 그의 신발을 내 것으로 착각하고 신은들 어떻겠는가. 이렇듯 세상에 내 것이 없으니, 빈손으로 간다고 한다. 채워도 채워도 채워지지 않는 인간의 욕망은 정말 부질없는 것이고, 인간이라는 존재는 헛된 것을 좇는 무리에 지나지 않는 것일까? 하긴 내 것이었다 사라져 간 것들은 수없이 많고, 또 잊혀지리라. 유승우 시인은 하물며 자신의 몸을 흙의 것이라 했다. 흙은 처음 그에게서 왼쪽 팔을 가져갔다고 한다. 전란 중에 포탄을 맞아 팔을 잃었던 것이다. 유 시인은 어머니도 그 시절에 잃었다.

  내 몸과 그 몸을 운영하는 힘은 땅에서 빌린 것입니다. 70년 동안 이자 생각 없이 잘 써왔습니다. 그동안 한 번도 빚 독촉을 받은 적이 없습니다. 하긴 지난 1951년 1.4 후퇴 때, 폭격에 내 왼쪽 팔꿈치가 끊겨 땅에게 돌려주긴 했습니다. 땅의 빚 독촉 때문이 아니라 전쟁 때문에 억지로 갚은 것입니다.

-유승우 시인의 [몸.1] 중에서

  나는 이 시간에도 또 다른 내 것을 위해 계획을 세우고, 글을 쓴다. 이 나이에도 나의 미래를 위해 무엇인가를 하고 있다. 나는 궁극적인 내 것이 아닌, 잠시 내 것이 될 것을 위해 평생을 고군분투해왔고, 이처럼 애를 쓰고, 타인과 견주어 보고, 자존심을 대입해 보고, 울분을 터트리기도 한다. 그러나 보통사람이 자기를 온전히 자연의 일부로 내어놓을 수 있고, 비어내기란 쉽지 않을 것이다.
  팽목항에는 잃어버린 자식들을 떠나보내지 못해 돌부처가 되어버린 부모들의 곡성이 차가운 바다 물길을 잡고 있다. 이들에게 본시 네 것이 아니었으니 떠나보냄을 서러워 마라 할 수 있겠는가? 사랑이란 그 떠남을 아쉬워하는 사람들이 만들어낸 그리움의 대치어는 아닐까? 떠나보냄은 비워내는 작업이다. 하지만 채워지지도 않았는데 비워내려니 얼마나 가슴이 아렸겠는가. '치매'는 머릿속에 넘쳐나는 기억 요소들을 지워버린다. 치매 당사자는 괴로움을 모르고 있으니, 이 또한 비워냄의 생리적 증상은 아닌지 싶다.
  얼마 전에는 산에 올랐다가 비워냄의 아름다움에 취한 적이 있다. 가을

산하는 비워냄의 극치를 보여주고 있었다. 산하를 덮은 나무들이 한여름 동안 정성껏 키워냈던 이파리들을 털어내고 있었는데 그 색조는 풍성하다 못해 노랗게 익어 맛깔스럽기까지 했다. 풍요로움은 비워내는 과정의 색조와 닮아있었다. 우리가 자양분이 없어 소슬바람에도 떨어져 갈 이파리를 '마지막 잎새'라는 애착으로 붙들고, 떨어짐을 아쉬워하니 이 얼마나 부질없는 일인가.

  사람들은 잊히기 전의 옛일들을 추억하며 살아가지만, 온전히 잊혀진 것들은 존재의 의미마저 허무하게 사라진다. 잊혀 진 존재의 허무, 그것이 인간이라면, 내가 한때 사랑했던 한쪽만 남겨진 채 잃어버린 구두 한쪽 같은 존재라면 그 얼마나 슬픈 일이겠는가.

## 댓잎 소리

36 거리 두기
37 개 쫓은 닭
38 망각을 일깨우며
39 청룡고개
40 바다칸타타
41 댓잎 소리

모가 나는 모습을 가려주고 부드럽게 안아주는 자연의 포용력이 수심처럼 깊고
산세처럼 은근해 보였다. 안개가 걷히고 주변이 또렷히 보일 때 보다 물안개 핀
저수지의 모습이 훨씬 더 아름다울 수 있는 이유를 자연은 스스로 보여주고 있었다.

# 거리 두기

　예플로는 오밀조밀 프로방스의 운치가 물씬 느껴지는 카페 같은 펜션이다. 낮에 보았다면 하늘빛 받은 은쟁반 같았을 저수지. 그 가장자리를 연하여 나무숲에 싸인 나지막한 동산. 몇 채의 기다란 목조건물은 저수지 쪽으로 넓은 전망의 창을 달고 가파르게 세워져 있다. 초입에 있는 팔각형의 큰 침실 바로 밑이 중앙 홀이다. 큼직한 화덕 옆으로는 조그만 라이브 무대가 클래식하게 꾸며져 있고, 홀 바닥에서는 흙과 풀과 돌이 함께 엉켜 있으며, 통나무로 만든 의자와 테이블은 앉으면 바로 객석이 된다.
　먼저 도착한 직원들은 술 파티를 벌이고 있었고 얼굴에는 이미 발그스름하게 노을이 번져 있었다. 강화도에 이렇게 좋은 곳이 있었다니! 오느라 애를 먹었지만, 차츰 찾아온 보람이 느껴졌다.
　송년 모임이 있는 날. 서초동에서 강화도로 출발할 때는 이미 저녁 열시가 넘어서고 있었다. 모임이 겹치는 바람에 가장 중요한 직원들과의 자리에는 늦어지게 된 것이다. 서울을 벗어나 제방도로를 달리고 있을 때 직원들로부터 방금 도착했다는 전화가 왔다. 초행길이라도 한 시간이면 넉넉할 거리를 세 시간이나 걸려갔다니 의아했으나 길 고생하고 찾아온 보람이 있다고 좋아라 들 했다.

 강화도 내륙에 있는 넓은 저수지를 끼고 돌자, '예플로'라는 조그만 나무 팻말이 갸웃이 나타난다. 좋은 곳은 꼭꼭 숨어 있기 때문인지 찾아가기는 어려워서 직원들이 늦어진 까닭을 바로 알만했다. 대로에서 이탈하여 숲길로 들어서니, 조붓한 비포장 길이 어둠 속에서 희끔하게 드러난다. 저수지가 나왔지만, 가로등 하나 없는 길을 가노라니 빠져나가야 할 샛길을 두 번이나 놓치고 말았다. 결국에는 예플로 주인이 차를 가지고 마중을 나와야 했다.

 직원들도 모두 만족해하는 눈치다. 새벽이 되면 저수지에 피어나는 물안개가 예플로의 백미라는 말에 감수성 많은 젊은이들은 더욱 달뜨고 있다. 그러나 무엇보다도 우리를 잔잔한 감동으로 몰아간 것은 예플로 주인 자신이었다.

 삼십 대 같은 사십 대. 그는 아담한 체구에 구레나룻이 얼굴의 상당 부분을 덮고 있는데다가 챙 넓은 모자까지 쓰고 있어서 처음에는 인상을 가늠하기가 어려웠다. 그러나 모자챙 밑에서 반짝거리는 선한 눈동자와 입가에 흐르는 미소가 사람의 마음을 붙잡는다. 걸개그림 속에 들어앉아 무대에서 우리를 바라보는 그의 이국적인 용모는 더욱 호감이 간다.

 그는 통기타를 어깨에 메더니 스스로 반주를 해가며 손님들을 위해 노래를 부르기 시작한다. 우리가 하나 둘 넋을 잃어가기 시작한 것은 그때부터다. 나이에 비하여 음색이 곱고, 구십 년대 풍의 멜랑꼴리한 노래를 어쿠스틱 기타 반주로 풀어내는 솜씨가 언 플러그의 묘미까지 끌어내고 있다. 좋은 분위기에서 좋은 사람으로부터 좋은 노래를……. 그는 이런 멋진 곳에서 표정으로, 노래로, 지난 며칠간 밤을 새워 일했던 직원들을 포근하게 감동시켜 주고 있다. 무르익은 감성의 골로 음악이 찾아들자 모두 흠뻑 분위기에 취해 갔고 노래가 끝나자 늦은 시간이라 사양하는 그에게 간절히 앙코르를 청했다.

예플로 주인 부부는 노모 한 분만 모시고 이 외딴곳에서 살고 있다. 비교적 작은 체구의 여주인은 몸이 좀 약해 보인다. 아이들이 몇이냐고 물으니 결혼을 할 때 아이는 갖지 않기로 했다고 대답하는 표정에서 묘한 여운이 감지된다. 어떤 사연이 그들 부부에게 있을까. 혹 내가 그들과 좀 더 가까워진다면 그가 살아온 사십여 년을 듣게 될 것이고, 이곳에 정착하게 된 그런저런 사정을 더 잘 알게 되리라. 그리하여 우린 더 밀접한 인간적인 교류를 하게 될지도 모른다. 소매 깃만 스쳐도 인연이라며, 그 연으로 사람과 관계를 맺기 시작하다 보면 자연스럽게 인간적으로 가까워질 것이다. 하지만, 나는 그가 살아가는 지금의 모습을 보는 것으로 만족스러운 것이다. 서로 좋아 보이는 지금이 가장 적절한 거리라는 생각을 했다.

분위기에 섞여들기 전 서먹할 때, 사람 사이에는 묘한 틈이 생긴다. 때론 그 틈새가 필요할 때도 있고 반면에 틈을 메워야 할 때도 있다. 일상에서 마주치는 사람들 간의 틈을 밀접의 거리, 공통의 거리, 공중의 거리, 개체의 거리등 네 가지로 구분 짓는다고 한다. 밀접의 거리는 부부 사이와 같은 긴밀한 거리이고, 공통의 거리란 이념적 동질성이 전제된 거리로 우리라든지, 한겨레, 동포 등이며, 공중의 거리는 사회적인 규범상의 거리라고 한다. 국민이나 대중 등이 여기에 해당할 것이다. 마지막으로 개체의 거리란 관계설정이 전혀 되지 않은 타인과의 거리라고 한다.

거리에 나가면 사람들이 각기 저마다의 거리를 가늠하면서 타인들과 어깨를 맞대어 걸어가고 있다. 내 주변의 사람들도 나름의 적절한 거리에서 나와 관계하고 있다. 적절한 거리란 타의에 의해 설정된 거리가 아니라, 스스로 거리 두기를 인위적으로 설정하여 둔 거리이다. 무릇 너무나 가까운 것은 너무 먼 것 이상으로 본질을 외면할 우려가 있으니......, 다정도 병이라는 말은 사람과 사람의 관계에서 어떤 거리를 설정하여 관계하느냐가 세상살이의 지혜라는 말의 다른 표현은 아닐까 생각해 본다.

이른 새벽에 저수지의 물안개가 피어나는 모습을 찍어 보았다며 박 실장이 디지털카메라를 열어 보인다. 솜털 같은 물안개가 수면에서 일제히 피어올라 산허리를 가물가물 지우고 있다. 이른 여명으로 모든 것들이 덜 깨어나 물안개 속으로 적당히 감추어져 있지만, 그 모습에서 새벽 향기가 더욱 짙게 배어 나온다. 모가 나는 모습을 가려주고 부드럽게 안아주는 자연의 포용력이 수심처럼 깊고 산세처럼 은근해 보인다. 안개가 걷히고 주변이 또렷하게 보일 때보다 물안개 핀 저수지의 모습이 훨씬 더 아름다울 수 있는 이유를 자연은 스스로 보여주고 있다.

여명이 걷히고 금빛 햇살이 저수지 주변을 비춘다. 예플로 팬션에 하나 둘 햇살 꽃이 피어난다. 풀명자 가지 위로 조르르 거리 둠 없이 햇살이 내려앉고 있다.

닭이 개집을 뺐었다는것은 생뚱맞은 경우라 할 수 있겠지요. 하지만 정말 기막힌 일은 따로 있습니다. 요즘은 머슴들이 머슴 딱지를 벼슬로알고 주인을 깔보며 도리어 부려먹는다는 것이지요. 어디 닭 나무랄 수 있겠습니까?

## 개 쫓은 닭

사르락 사르락, 대나무 가지에 바람 드는 소리가 한여름의 더위를 가시게 하는 아침이다.

닭 우는 소리에 잠이 깨어 마당으로 나간다. 장 선생은 왼손에 든 풀잎 몇 이파리를 하나하나 짚어 성분을 설명하더니 부엌으로 들어간다. 조금 뒤 그는 유리잔에 녹즙을 가득 채워 들고 나와 내게 마시란다. 비위에 조금 거슬렸으나 못 이기는 척 받아 마시는데 뒷맛이 영 씁쓰름하다. 이번에는 도기 잔에다 참기름에 달걀을 띄워 권한다. 자기의 아침 영양식이라면서. 녹즙 색이 좀 짙었으나 뱃속에서 별일은 없는 모양이다. 마당 한쪽에는 개집이 있는데 기이하게도 장 선생은 그 속에서 달걀을 끄집어낸다. 개집에 웬 달걀이냐고 묻자 개집이 아니고, 닭의 집이란다. 닭이 개집에서 산다고요?

이 집 마당에는 다 자란 암탉 두 마리가 여기저기 똥을 퍼질고 다닌다. 장 선생이 가리키는 개집에는 볏짚이 우묵하게 깔려 있다. 그는 쪽마루에 걸터앉더니 개집을 바라보며 주인이었던 '아롱이' 이야기를 꺼낸다. 아롱이는 자기의 총애를 받으며 살고 있었단다. 그런데 토방 마당에 지네가 자주 나와서 지네도 잡을 겸 닭을 갖다 놓았더니 지네는 없어졌지만, 이젠 닭들이 개를 쪼면서 못살게 굴더란다. 결국은 개가 집을 양보하더라고. 그런데 개가 보이지 않아 물으니 개는 죽었다고 한다. 평화롭게.

"아니, 닭들이 개를 죽였다는 말이에요?"

닭이 쫀다고 개가 죽기야 하겠느냐, 처음에는 닭들이 개한테 쫓겨 다녀서 개를 나무랐더니 충직했던 그 개가 그다음부터는 닭들한테 덤비지를 않았고, 저놈의 닭들이 그렇게 쪼아대도 자기 명령 때문인지 미련할 정도로 피해 다니기만 하더란다. 맹랑한 닭들이 개집에까지 쫓아 들어가 쪼아대자, 개가 결국은 집을 포기하고 외곽으로 돌더니 병이나 죽어버렸다고 한다. 그 뒤로는 닭들이 집을 차지하고 있고, 저 닭들 여간 영악하지 않아서 사람 말까지 알아듣는다고 장 선생은 혀를 찬다.

"원 참, 닭 쫓던 개 이야기는 들었어도……."

닭들은 알을 낳으면 자기에게로 와 꼬꼬댁거리며 보고를 다 한단다. 그런 모습을 본 것 같다. 덩치 큰 녀석은 검은색이고, 나른 녀석은 누런색인데 둘 다 붉은색 벼슬을 가지고 있다. 녀석들은 힘을 합하여 감히 주인의 사랑을 받던 개를 쫓아냈고, 지금 그 주인의 사랑 속에 펑펑 알을 까대면서 끊임없이 모이를 쪼고 있다. 세상이 요상하니까 요상한 일들이 많은 것 같다. 오죽하면 새대가리니, 닭대가리니 하면서 생각 없는 사람을 저것에게 빗대겠느냐. 작은 닭대가리 속에서 그런 영악한 행동이 어찌 나오는지. 가만히 보면 닭들도 생각이 있는 것 같다며 장 선생은 피식 웃는다. 닭 머리에 생각이라! 생각 없이 살아가는 사람도 많은데 말이다. 바른 것과 굽은 것도 구분 못 하는 사람들에게 개보다 못하다는 말을 하는데 이제는 닭보다 못하다고 말해야 할 판이라며 장 선생은 쓴웃음을 짓는다.

"닭이 개집을 뺐었다니 생뚱맞지요. 하지만 정말 기막힐 일은 따로 있습니다. 요즘은 머슴들이 머슴 딱지를 벼슬로 알고 주인을 깔보며 도리어 부려 먹지 않습니까? 어디 닭 나무랄 수 있겠어요?"

장 선생은 누런 닭 앞에 순두부 한 덩이를 휙 던져주면서 혼잣말처럼 목소리를 낮춘다. 개집 앞 검은 닭이 우리 말귀를 알아듣는지 이쪽으로 조르르 와 꽁무니를 내밀며 무슨 개소리냐는 듯 묽은 굴뚱을 내질러 싸대고 있다.

나는 기독교와 유교, 불교가 혼재된 장례를 치렀다. 어머니에게 좋은 것은 다 하겠다는 생각에서였다. 그리고 내 성장 과정에서 나를 지켜준 기독교를 떠나기로 했다. 어머니가 구원을 못 받아 지옥에 가신다면 나도 그리 가리라 생각했다.

## 망각을 일깨우며

어머니…….

그래 내게도 어머니가 있었다. 내 살아오는 동안 가장 슬펐던 때는 어머니를 영영 떠나보내는 순간이었다. 삼일 밤낮을 옥상에 올라가 혼자 울었다. 정말 많은 눈물을 흘렸고, 나중에는 눈물이 나오지 않았다. 사람은 망각 속에서 살아가는가. 그 망각이라는 것은 귀했던 일도, 좋았던 추억도, 슬펐던 일, 사랑했던 모든 것까지도 사람이 세월의 둔덕을 넘을 때 모두 함께 남겨두고 넘어가게 하는 것인가. 어머니를 어찌 잊을 수 있으리. 새삼 그 인자했던 얼굴을 떠올린다. 누구에게나 어머니는 정이 우러나는 이미지로 남아있겠지만 내 어머니도 참 넉넉하고 정이 많으신 분이셨다. 친구들이 자기들 엄마보다도 내 어머니를 더 좋아했을 정도로 평생을 화 한 번 내지 않고 사셨던 어머니셨으니.

어머니는 괴팍한 성품의 아버지를 만나서 갖은 고생을 다 했으나 항상

순종하는 아내로서 자리를 지켜낸 분이었다. 아버지가 노름으로 가산을 탕진했을 때는 막노동까지 하셨다. 나의 슬픔은 그런 내 어머니와 했던 약속으로 인하여 더욱 절절했다. 나는 어머니께 약속을 한 가지 했었다. 그 약속은 너무나 지당하게도 얼른 커서 성공하여 어머니를 편하게 모시겠다는 것이었다. 나는 고학을 하면서 좋은 대학에 진학했고, 내 약속의 날은 서서히 가까워지고 있는 듯했다. 장교복을 입고 입영할 때, 나는 어머니에게 정말 자랑스러운 아들이 되어가고 있었다.

전역을 수개월 앞둔 어느 날, 집에서 전보가 왔다. 이모님이 돌아가셨다는. 그 이모는 슬픈 사연을 가진 분이었다. 육이오 동란 중, 이모의 오빠가 휴가를 왔는데 전시였기 때문에 총기를 휴대하고 있었다. 이 총기가 오발사고를 일으켜 이모의 정강이를 관통한 것이다. 집안에 하나밖에 없던 오빠는 전란 중 전사했고, 이모는 그 후유증으로 다리를 절게 되었으며, 이 신체적인 약점 때문에 결혼이 늦어지더니 결국은 어느 집 후처로 들어가게 되었다. 당신 아이들이 성장하면서 후처 노릇을 끝낼 수밖에 없었고, 이모는 그 집에서 나와 불편한 다리를 이끌고 외할머니까지 돌보며 어렵게 생활을 꾸려가던 중이었다. 어머니는 늘 당신의 동생 걱정을 안고 사셨다. 물론 내게도 참 좋은 분이어서 고학하는 내게 위로를 많이 해 주셨다. 부대로 날라 온 전보에는 사인(死因)이 나와 있지 않았다. 전화도 귀했던 시절이라 휴가를 내어 집에 가서야 자초지종을 들을 수 있었다.

저녁녘에 도착해 보니 집은 텅 비어있었다. 다들 인천의 이모님 빈소에 갔을 것으로 생각하며 나는 군화 끈을 풀다 말고 다시 구두끈을 조였다. 바로 그때, 앰뷸런스 소리가 차츰 가까워지더니 대문 앞에서 멈추고 있었다. 난데없이 우리 집에 웬 앰뷸런스일까 머리 회전이 안 되었다. 그러나 곧바로 대문이 열리고 남동생이 들어서면서 충격적인 한 마디를 던졌다.
"형, 어머니 돌아가셨어!"
 말도 안 나왔다. 그럼 이모가 아니고 어머니였구나, 내가 충격받을까 봐 이모라고 한 게로구나 싶었다. 앰뷸런스에서 흰 천을 씌운 들것이 내려지고 있었다. 나는 달려나가 어머니 손을 잡았다. 놀랍게도 아직 따스했다. 아직 살아계시잖아? 운명하셨어. 한 이십 분 됐어, 형. 뭐라고? 그럼 이모는? 이모님도…….
 이모는 교통사고를 당하신 거였다. 평소에 이모 걱정을 많이 하시는 어머니에게 이모의 사고를 알리면 충격을 받으실 것이 뻔해 동생은 외할머니가 돌아가셨다고 거짓말을 했던 것이다. 마침 외할머니는 많이 늙으셔서 거동까지 불편하셨기 때문에 충격이 훨씬 덜할 수 있었다. 동생과 함께 인천의 이모 빈소에 간 어머니는 이모의 영정사진 밑에서 어머니를 슬피 부르셨다고 했다. 옆에 있던 다른 친척이 외할머니가 아니고 이모라고 귀띔을 한 순간 영정사진을 다시 올려다보던 어머니는 숨이 가빠지더니 그 자리에서 쓰러지셨다고 한다. 서둘러 응급실로 갔으나 서울의 큰 병원으로 모시든지 하라며 가망이 없다는 진단이 내려졌고, 응급차로 서울 큰 병원에 가던 고속도로 상에서 끝내 숨을 거둔 것이었다.
 줄초상이었다. 슬픔은 배가 되었고, 불쌍한 이모님께는 가보지도 못하고 귀대를 해야 했다. 그때 나는 사람의 운명, 팔자 같은 것을 생각했다. 힘든 세상만 살고 이제 자식이 좀 편하게 모실만하니 세상을 뜨신 어머니. 세상에는 원인만 있고 결말은 없다는 생각이 들었다. 세상에서 말하는 모든 선(善)이 없다는 생각을 했다.

어머니는 내가 재수하던 시절, 딱 1년간 교회에 다녔다. 오직 자식 대학 붙게 해달라는 기도를 청하기 위해서였다. 사느라고 하나님을 영접할 시간도 여유도 없었다. 장례식 날 목사에게 물었다. 우리 어머니는 정말 착한 분이셨고, 남에게 베풀기 만 하던 사람인데 구원을 받아 천국에 갈 수 있느냐고. 목사는 고개를 흔들었다. 섭섭했다. 나는 기독교와 유교, 불교가 혼재된 장례를 치렀다. 어머니에게 좋은 것은 다 하겠다는 생각에서였다. 그리고 내 성장 과정에서 나를 지켜주었던 기독교를 떠나기로 했다. 어머니가 구원을 못 받아 지옥에 가신다면 나도 그리 가리라 생각했다.

지금 내 아내가 그 시절의 어머니 역할을 하고 있다. 아들은 나보다는 아내를 더 따르는 편이다. 아내의 어딘가에 어머니의 좋은 성품이 배어 있어서일 것이다. 하지만 아내도 어머니의 뒤를 따라갈 것이고, 아들은 잠시 슬픔에 겨울 것이다. 그리고 아들의 아들이 성장한 뒤 그 아들의 기억 속에서 아내는 또 얼마나 남아질 수 있을까.

망각은 슬픔을 잊게 하고 과거의 사슬로부터 사람을 자유롭게 한다. 지금의 일들도 결국은 망각의 광주리에 담겨지리라.

\* 아래의 시는 내 어머니에게 드리는 사모곡이다.

그리하리라

하늘 바다
그 넓은 가슴에 빠져
섧도록 소리치고 싶다
쩌엉 쩌엉 하늘 가르는
외침하나로
그대 곁에 가고 싶노라고

그대 깊음 깊고 깊어
태산아래 골짜기라도
하늘 가득 담긴 그 담소에 빠져
나 영영 수장되고 말지라도
그대 거기 있었음에

처음부터 하나였던 우리 다시는,
다시는 바람이 나누지 못하도록
우리 손 길게 늘려 동여매리라
눈빛 눈빛으로 일군 불덩이
하늘 바다 다 말리도록

하지만, 달밝은 저녁 다시 청룡고개에 가보라. 그곳에서 포장된 고갯길은 볼 수 없을 것이다. 도로는 달빛의 그림자 속으로 숨어버리고 달이 뿌리는 은색의 파도만이 부엉이와 뻐구기의 노래 소리를 마을 구석 구석으로 나르고 있을 것이다.

# 청룡고개

날이 어둑어둑해지면 또래 아이들과 청룡 고갯마루에 오른다. 갯내 실은 소슬바람에 구슬땀을 훔치며 고개 아래로 까마득히 펼쳐진 논밭 길을 따라 엄마들이 지나간 흔적을 실눈으로 쫓는다. 어둠이 짙어지고 멀리 나앉은 바닷물이 달빛에 비쳐 광목처럼 빛날 때, 물때를 맞춰 게잡이에 나섰던 엄마들은 검은 치맛바람을 일으키며 곰실곰실 올라올 것이다. 머리에는 삼태기를 이고 중허리를 질끈 동여맨 검정 치맛자락을 휘적이며 이 고갯길을 하염없이 오를 것이다. 게라도 많이 잡았다면 삼태기 무게만도 몹시 힘에 겨우련만.

날이 까맣게 저물자 이젠 보름달빛이 차츰 밝아지면서 시야가 새롭게 트여가고 있다. 달밤이면 보이는 모든 것들의 음영이 또렷해져서 기이한 형상이 만들어진다. 그런 형상들은 온갖 귀신들로 둔갑하여 어린 마음을 더 쫄게 만든다.

바닷물이 달빛에 바스러지는 쪽길로 아스라이 검은 움직임이 일고 있다. 한 줄로 나란한 것을 보니 엄마들 모습이다. 달빛에 희미하게 드러난 논틀길을 구부렁구부렁 돌아 그 움직임은 점점 몸짓을 키워온다. 신작로에 접어들어 자갈 밟히는 소리가 풀벌레 소리를 덮을 정도로 가까워지자, 아이들은 일제히 자리를 박차고 일어나 저마다 엄마의 치맛자락 속으로 파고든다. 온 종일 맡지 못했던 엄마의 살 냄새. 그 속에 묻혀드는 행복감! 그때 치마폭 가득히 맡아지던 갯내는 지금도 애틋한 엄마의 냄새로 남아 있다.

오여 내 새끼. 마중 나왔냐? 엄매, 기 많이 잡았어라? 온냐! 그러나 우리 엄마는 다른 엄마들이 다 지나도록 보이지 않는다.

아짐, 울 엄메는, 뒤에 옴짜? 느검메는 기 잡으러 안 왔는디? 느검메 기 잡으러 갔다고 누가 그라던? 그랬어라. 오메, 어짜까……. 큰놈아 그냥 나 따라 집에 가보자. 장에 갔을지 모른게. 어서.

못내 아쉬워 달빛으로 훤히 드러난 자갈길을 오도카니 지켜보지만, 엄마 없는 신작로는 썰렁 무섬끼까지 돈다. 엄마는 집에도 없었다. 휑하니 뚫린 대문 밖 신작로를 바라보며 한 참을 울다 지쳤을 때에야 볼록한 삼태기를 이고 엄마가 나타났다. 장에 다녀온다면서.

마을 뒤를 둘러싼 까치산, 그 허리를 자른 청룡고개는 쫴 높고 가팔랐다. 고개 턱 아래에는 노송 예닐곱 그루로 큰 그늘이 만들어져서 고개를 넘는 사람들이 쉬어가곤 했다. 집 마당에서 올려다보면 마치 뽕잎에 붙은 누에처럼 널브러져 쉬는 사람들 모습이 한 눈에 들어왔다. 그들은 저마다의 보따리를 가지고 있었다. 이따금 그곳에 앉아 쉬는 이들을 볼 때마다 어린 내게는 그들의 이야기가, 꿈 보따리가 궁금하였다. 그 고개는 육지로 나가는 길목이어서 섬사람들의 동경이 서려 있었다. 그 시절에 내가 고향을 떠날 때 넘던 그 고갯길이었다.

그러나, 지금은 그 쉼터가 사라졌다. 고갯마루에서 정담 나누고, 땀 닦으며 쉬어가던 길동무의 모습도 사라졌다. 달빛 교교한 저녁이면 나타난다는 청룡고개의 도깨비도, 두부 장사에게 딴죽을 걸어 두부 실린 바작을 부숴버렸다는 귀신의 이야기도 말끔히 닦인 포장도로에 묻혀 버렸다. 굽이굽이 오르던 고갯길은 포장도로로 바뀌어 많은 차량들이 넘나든다. 자동차들은 꿈 보따리마저 실어가 버렸으니, 고개를 오르내리던 인적은 사라지고 경적만 요란하다.

청룡고개는 많은 젊은이를 동경의 세계로 내보내는 관문이었다. 고개가 포장된 뒤로 동네는 더 편해졌고, 더 살기 좋아졌다. 마당에 조그만 차가 있는 집도 있고, 어떤 어르신은 주식투자까지 한단다. 하지만 청룡고개가 잘 뚫린 이후 마을엔 청년들이 없어졌다. 젊은이들이 고개를 잘도 넘어 떠나가버린 것이다. 젊은이가 없으니 어린아이의 울음소리도 없다. 육순을 바라보는 어른이 청년행세를 해야 하는 마을, 이제 청룡리에는 고향의 정취도 미래에 대한 꿈도 한갓 흔적으로만 남겨지고 있다.

예전에 엄마들이 게를 잡던 갯가에는 게 대신 벼가 자라고 있다. 설혹

개간이 되지 않았더라도 그 청룡고개의 정취는 이미 사라져버렸다. 이렇게 세월은 고향의 옛것을 하나하나 지워나간다. 그래서 많은 시인이 잃어버린 고향을 노래하는가 싶다. 지금 그곳에서 바라보았던 어머니들의 모습을 기억해 낼 수 있다는 것이 그나마 내겐 얼마나 큰 행운인가.

하지만 달 밝은 저녁을 택하여 다시 청룡고개에 가보라. 그곳에서 포장된 고갯길은 볼 수 없을 것이다. 도로는 달빛의 그림자 속으로 숨어버리고, 달이 뿌리는 은색의 파도만이 부엉이와 뻐꾸기의 노랫소리를 마을 구석구석으로 나르고 있을 것이다. 달이 지고 새벽이 오면 온갖 새들은 여전히 아침 햇살을 깨우고 있음을 알게 될 것이다.

아직은 뻐꾸기가 살고 부엉이가 노래하는 곳, 지금 청룡고개는 넓혀진 고갯길로 달려나간 꿈들이 더 큰 꿈을 등지고 넘어올 날을 말없이 기다리고 있다. 오늘 저녁도 달 구름 보듬어 나무에 앉히며 떠난 이들의 어렸을 적 얼굴을 떠올리고 있다. 너무 많이 변해 알아보지 못하면 어쩔까, 희끗희끗한 겨울 솔가지 나부끼며, 어둠 속에서 더 빛나는 모습으로 청룡고개는 그곳에 서 있다. 엄마를 기다리던 그 옛날의 나처럼.

바다는 높고 하늘은 차라리 낮았다. 그곳은 우리가 위치한 곳에서 그리 멀지 않지만 감히 인간이 범접할 수 없는, 율리시즈가 갇혔던 헤라여신의 바다와 같았다. 바다가 내 눈 앞에 펼쳐 있는 한, 아내를 괘념치 않고 헤라 여신을 양껏흠모해도 좋을 시간이었다.

## 바다칸타타

　잠에서 덜 깬 새벽 바다는 바람에 너울거리는 운무 아래로 쪽 빛 속살을 감추고 있다. 이끼 낀 돌담 사이에 펼쳐진 바다는 강렬한 아침 동살을 숨죽이고 기다리는 긴장감에 파도 소리마저 조심스럽다. 이 파릇한 바다 냄새는 새벽 바다를 구르며 실려 온 수평선 쪽 바람 맛 일 게다.
　두어 시간 밖에 잠을 못 잤다. 새벽 바다에 나가 고기를 직접 낚아 배에서 회를 쳐 먹고, 막 건져 올린 고기로 매운탕을 끓일 것이다. 나의 이런 기대는 꿈으로 이어져 바다 소년처럼 파도와 실랑이를 벌이다가 결국엔 바다에 텀벙 빠져버린다. 너무 추워서 오들거리다가 잠이 깨었나 보다. 그 뒤로는 다시 잠들지 못하고 살그머니 잠자리를 빠져나온 것이 다섯 시쯤 이다.
　우리는 남해 작은 섬에서 낯선 섬사람 부부와 잠자리를 같이 했다. 물론 방이 하나밖에 없어서다. 물어물어 이 외진 곳까지 왔으나 어두운 밤에 비포장 진흙 길을 다시 되돌아갈 수도 없고, 주인아저씨의 간곡한 권유에 못 이겨 저녁 식사까지 얻어먹으면서 어색한 동침에 응한 것이다. 이 부부와 닿는 연이 있다면, 내 태생이 진도라는 것, 몇 살이 어리기 때문에 동생뻘이라는 것이었는데 주인아저씨는 그걸 무척이나 강조하시면서 부엌에 나가 소라를 삶고, 탕을 끓이면서 우릴 붙들었다.

"바닷장어탕에 쐐주 한 잔 함시로 도시 야그나 쬐깐 하쇼. 우덜도 외로워라! 사람이라고 늙은이들 백게 업슨께 안 그라것소!"

이분들 젊었을 때만 해도 집집마다 여남은 식구가 북적거렸고, 사람 사는 맛이 났다고 푸념을 곁들인다. 마을은 '여미리'라는 예쁜 이름을 가지고 있다. 예부터 '여끝'이라 불리다 '여미'라 음역해서 부르게 되었고, 지도상으로는 상조도 서쪽 끄트머리다. '여미'는 '여끝', 혹은 '여꼬리'의 뜻이란다. 여미리가 마을 이름으로는 참 아름다운 것처럼 이곳 조도에는 정말 예쁜 고유의 섬과 바위 이름들이 즐비하다. '실은녀' '가사도' '넙덕녀', '비홀난강' '병풍도' 등…….

이 마을은 섬의 끝머리가 바다로 가파르게 이어진 곳에 계단식으로 가옥이 들어서 있다. 30여 호나 되는 마을이고, 절반이 빈집이다. 우리가 묵은 집은 중간 높이라 마당에 서면 바다를 끌어안은 작은 포구가 한 눈에 들어온다. 바닷바람이 제법 차서 깃을 세우고 옷소매를 여미지만, 소매 틈새로 파고드는 찬 기운에 몸이 으슬거린다. 섬 왼편 끄트머리에는 홀로 밤을 여읜 노란빛 전등이 동그란 빛무리를 주변에 뿌리고 있다. 교회 뾰족탑 위의 하얀 십자가가 뿌려진 빛무리에 잠겨 들고 있는 모습은 유럽 어느 해변 마을의 풍경처럼 이국적인 여미의 새벽이다. 조금 있으면 주인아저씨가 나와서 주낙에 낚시를 끼울 것이다. 주낙이라는 것도 처음이고, 작은 배에 몸을 실은 우리는 새벽을 가르며 수평선으로 나아갈 것이고, 망망대해에서 느끼는 물아일체의 감동이 물결을 어루는 바람처럼 밀려 들 것이다.

아침 바람이 찹습니다. 바다에 나가시려면 그 옷으로는 안 되야라. 드르륵 미닫이문 열리는 소리보다 주인아저씨의 말소리가 먼저 등을 두드린다. 인상이 퍽 순해 보이는 그 형님, 자식들은 시집 장가들 가서 도회지에 살고 단둘이 바다를 일구며 생활을 꾸려가고 있다. 잠시 있으려니 아내와 주인아주머니가 마당으로 나온다.

"오메! 먼 바람이 요케 불어라, 모처럼 귀한 손님 덜 오셨는데 라. 배 띠게 괜찮것소?"

"암타네, 이 정도로는. 얼른 주낙이나 꿰세!"

아내는 아침잠이 많은 편인데 용케도 시간을 맞춰 일어난 것 같다. 서울내기면서도 나 때문인지 이런 어촌을 좋아한다. 누군가가 땅을 밟을 수 있는 섬이라고 추천할 때 먼저 가자고 보챘던 것도 집사람이다. 주인댁이 주낙 준비물을 내오니 아저씨는 생선을 잘게 썰어 낚싯밥을 만들고 아주머니는 낚시에 생선을 끼워 바구니 가장자리에 빙 둘러서 하나하나 걸고 있다. 넓은 바구니 가장자리에 고무로 된 띠가 둘러쳐 있고, 그곳에 낚시를 일일이 끼우는 것이다. 나는 어렵지 않을 것 같은 생각에 도우려다가 두어 개도 못 끼우고 면박만 받는다.

커다란 바구니 두 개가 주낙으로 채워지기까지 사십 여분, 바다에 드리운 운무가 가시면서 감춰두었던 곱다란 연둣빛 속살이 서서히 드러나고 있다. 이제 잠시 뒤면 황금색 햇살이 섬 뒤편으로부터 날아와 맞은편 수평선 상의 구름에 꽂힐 것이고, 서서히 일출의 찬란한 향연에 바다가 춤을 출 것이다. 우린 파카를 하나씩 더 걸치고 선착장으로 내려간다. 무덤 같던 침묵이 무너지면서 이 집 저 집에서 아침 기침 소리와 함께 마을 사람들이 하나 둘 눈에 띄기 시작한다.

우리를 태운 배는 조그만 통통배다. 키에 연결된 조종간이 녹슬어 있고 배 바닥에 깔린 나무의 나이도 선주만큼 지긋해 보인다. 배는 포구를 벗어나 넓은 바다로 질주해 들어간다. 스크루가 회오리를 너른 바다에 풀어 놓으니 하얀 포말이 따라 붙는다. 제법 큰 파도는 뱃머리를 번쩍번쩍 들어 올리더니 금세 새로 난 물길을 지우며 달겨든다. 겁 많은 아내였으나 의외로 이 흔들림을 즐기는 표정이다. 사실 나는 옥빛 바다의 아름다움보다는 그 끝없는 깊이가 두렵다. 더구나 우리를 실은 쪽배는 드넓은 바다에 뜬 일엽편주에 지나지 않는다. 만일 내가 바다에 빠지면 그 큰 고독을 어찌 이겨낼 수 있을까. 나에게 바닷속은 쪽 빛으로 절은 커다란 고독의 함정이다. 하지만 수평선을 향한 아내의 눈길은 의연하다. 아무 거리낌 없이 푸른색, 옥색, 황금색, 흰색으로 나뉜 아침바다의 향연에 취하여 머리카락에 바닷말 냄새를 휘휘 날리고 있다. 멀리 가까이 점멸된 섬들이 차츰 선명해지며 선주의 얼굴이 황금조각상으로 바뀐다. 아내의 등 뒤에 바짝 서 있는 내 가슴으로도 망설임 없이 그 빛살이 끼어들고 있다. 뒤돌아보며 아내가 햇살처럼 웃는다.

  선장은 뜻밖에 아주머니다. 배의 키는 여 선장이 잡고, 아저씨는 주낙 던질 채비에 분주하다. 배의 엔진이 꺼지고 잠시 제자리를 맴돈다. 이윽고 한 방향을 잡아 배가 속력을 낸다. 돌에 묶인 부표가 던져지는 것을 신호로 바구니를 가득 채웠던 낚시가 규칙적으로 텀벙텀벙 빠져들면서 바다에 바늘 뜸을 뜬다. 두 바구니를 다 비워낸 다음에야 배는 다시 망망대해로 키를 돌린다.

  출렁거리는 수평선 위 하늘도 바다 캔버스의 연속이다. 푸른 선으로 이어지던 하늘이 화려한 양귀비의 혼으로, 미려하게 펼쳐지는 찬란한 빛의 배합으로 밀도 있게 점령되고 있다. 전면에 부채살처럼 펼쳐진 바다는 잔잔하게 너울거리면서 황금빛 비늘을 나부끼고 있다. 수평선 밑으로는 엷은 연둣빛 띠가 좌에서 우로 질주해 들어가고, 이어서 짙은 쪽빛 바다가 우리 쪽으로 펼쳐지더니 청무우 색으로 바뀌고 있다. 밝은 색조에서는 주변이 온통 밝아지고, 짙은 색조에서는 주변이 더욱 어두운 색조를 띠운다. 하늘을 이고 사는 바다의 내공으로, 아니면 웅대한 태양의 열정으로 이런 감당치 못할 장관이 살아 움직이고 있다는 것, 그 자체가 경이로울 뿐이다. 바다는 높고, 하늘은 차라리 낮다. 그곳은 감히 인간이 범접할 수 없는, 율리시스가 갇혔던 헤라 여신의 영역이렷다. 이런 바다가 내 눈앞에 펼쳐져 있는 한 아내를 괘념치 않고 헤라 여신을 양껏 흠모해도 좋으리라.

  배가 키를 돌려 주낙 내린 곳에 이르자 환상여행은 끝나고 있다. 상조도와 하조도를 잇는 조도 대교를 넘어오면서 헤라 여신의 빛나는 실루엣은 아쉽게 내 가슴을 벗어나 짙어진 햇살 속으로 흩어져 간다. 이윽고 진도로 향하는 여객선에 올라 맞잡은 아내의 손끝이 풀려갈 때, 나는 조도의 하늘과 풀 빛 바다가 연주했던 바다 칸타타로부터 비로소 멀어져 가고 있었다. 아스라이 수평선 상에서는 그곳에 두고 온 또 다른 내가 있어 아직도 서성거리고 있으리라.

진도라는 섬이 태초의 모습이 그대로 있어 원형(原形)의 섬이라 한다면,
진도의 대숲은 해풍(海風)의 메시지를 소리로 만들어내는 소통(疏通)의 숲이었습니다.
달빛으로 걸러낸 색깔은 고향을 닮게 마련입니다.

## 수필로 쓰는 미술 평론
# 댓잎 소리

바람이 이는 날 대숲에 들면, 댓잎들의 수런거림으로 그들이 살아있고, 서로 정겨운 이웃이라는 생각을 하게됩니다.

남종화의 산실이었던 진도(珍島)의 운림산방(雲林山房)은 소치 허련(許鍊)이 작품 활동을 하던 곳입니다. 그 정원의 호수에는 싱그러운 수련들이 연꽃을 피워내 물고기들의 시샘을 사고 있습니다. 이곳을 품고 있는 첨찰산(尖察山) 자락은 지천이 동백 숲이요, 온갖 종류의 나무와 산새들 천국입니다. 또한, 산 정상으로부터 부챗살처럼 펼쳐 내리는 실핏줄 같은 시냇물소리는 선경(仙境)에 온 듯 착각을 일으키게 합니다. 하지만 정작 나의 관심을 끈

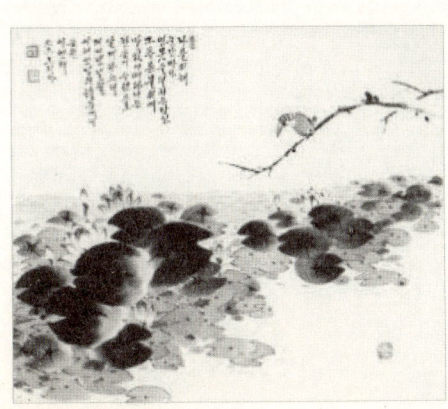

것은 대나무 숲에서 바람결에 실려 오는 댓잎들의 속삭임이었습니다. 인공의 소리가 전혀 섞여들지 않는, 자연이 자연스럽게 만들어내는 자연의 소리, 그중에서도 유독 댓잎들의 얼굴 맞대는 소리가 햇살에 빼곡히 번들거리는 동백이파리보다 더 살갑게 느껴졌습니다. 진도라는 섬이 태초의 모습이 그대로 있어 원형(原形)의 섬이라 한다면, 진도의 대숲은 해풍(海風)의 메시지를 소리로 만들어내는 소통(疏通)의 숲이었습니다.

   송원(松原) 이연재(李連載) 선생은 진도에서도 경치가 빼어난 죽림리(竹林里) 해변에서 태어났습니다. 앞으로는 해송(海松)이 바다의 맞바람을 막아주고 뒤로는 영산인 여귀산(女貴山)이 마을을 에두르는, 풍광이 수려한 죽림(竹林)마을에서 소년 연재는 감성을 키웠습니다.
   그의 작품에서 대나무에 대한 집착이 짙게 묻어나는 것은 그가 자란 환경과 무관하지 않습니다. 필자는 사천리(빗기내) 대나무 숲에 싸인 고택(古宅)에서 하룻밤을 묵은 적이 있습니다. 한밤중 잠결에 들었던 대나무 숲의 수런거림을 기억합니다. 송원은 댓잎들을 어긋지게 묘사함으로써 화폭에다 이 소리를 옮겨놓았을까요? 그의 그림에서는 바람이 불지 않는 날에도 댓잎들의 대화가 들리는 듯합니다. 진도의 운림산방에서 만났던 아름다운 수련도 송원은 시인 이해인 님의 시어를 빌어 세상에서 가장 고운 색깔과 물 흐르는 듯한 구도 속에 연작(連作)으로 재현해 냈습니다. 그의 탁월한 감성은 채색으로 발현(發顯)되면서 달빛 아래서만 만날 수 있는 은은한 담채 세계(淡彩世界)를 펼칩니다.

달빛으로 걸러낸 색깔은 고향을 닮게 마련입니다. 송원의 작품에서는 그의 옛 고향을 만날 수 있고, 또한 작품세계에서 일구어낼 그의 새로운 고향을 가늠하게 됩니다. 그의 화실에 들렸을 때 선생의 작품에서 눈길을 돌릴 수 없었던 이유는 유려한 선의 흐름과 화폭에서 살아 오르는 듯한 붓 끝의 파세(波勢)에 매료된 것도 있지만, 그는 은근한 채색과 더불어 자신의 고향을 화폭으로 이주시키고 있음을 보았기 때문입니다. 한편, 선생의 최근 작품성향을 보면 단단한 문인화(文人畵)의 기초 위에서 그의 작품세계에 작은 변화를 시도하는 것이 감지됩니다.

동상이몽(同床異夢)이라는 작품에서 송원 선생은 시선의 중심점을 아예 비워버리는 과감한 구도를 구사, 앞으로 송원의 새로운 붓 길을 예감하게 해주는 단초를 제시하고 있습니다. 이는 시(詩), 서(書), 화(畵) 삼절로 규정된 문인화의 정신을 현대적인 접근으로 재현시키려는 송원 나름의 시도로 해석됩니다.

나의 침실에는 송원 선생의 그림이 한 점 걸려 있습니다. 대나무 숲이 병풍처럼 둘러쳐진 가운데 앞에는 커다란 노송이 배치된, 고택이 있는 수

묵화(水墨畵)입니다. 대나무밭 뒤로는 먹물이 묽게 풀린 산세(山勢)의 모습이 스며나듯 묘사되어 있습니다. 이 그림이 마음을 끌어 사들였는데, 어느 날 나는 침대에 누워 그림을 올려다보다가 깜짝 놀랐습니다. 그 그림은 바로 진도에 있는 청룡헌(靑龍軒)의 모습이었기 때문입니다. 아내를 불러 이 그림이 어디를 그린 것 같으냐고 물었습니다. 아내는 한참을 바라보더니 고개를 가로저었지요. 내가 청룡헌이 아니냐고 힌트를 주었더니 깜짝 놀라면서 그리 보인다며 언제 그려 달라는 부탁을 했었느냐고 되물었습니다. 그림 부탁은커녕, 송원 선생은 청룡헌이라는 집이 있는지도 모르는 데 말입니다.

청룡헌은 달포에 한 번씩 내려가 마음 정리를 하고 올라오는, 바로 진도에 있는 나의 서재입니다. 그 그림을 선택하게 된 것이 우연은 아니었던 셈이지요. 요즘은 아예 내 집 그림이려니 생각하고 잠들기 전에 댓잎들의 수런거리는 이야기에 귀를 기울이곤 한답니다.

문인화 한 점이 새 주인에게 시집가서 평안과 함께 고향에 대한 향수도 달래주고, 때로는 생활에 활력소가 된다면, 그린 사람이나 감상자나 모두에게 행복의 전령사 역할을 하는 것으로 생각합니다. 송원 선생의 붓끝으로 탄생하는 작품들이 많은 감상자에게 미적 카타르시스를 전달할 수 있기를 기대합니다.

박종규의 수필 [거리 두기]는 문장의 안정감과 표현력에 신뢰감을 안겨준다. 인간관계에서 아름다운 간격과 이에 대한 깨달음, 인간관계의 간격 미학과 삶의 지혜에 대한 성찰과 해석이 돋보이는 작품이다.

- 정목일 (한국문협 수필분과 회장)


박종규 작가의 수필은 다양하고 자유롭다. 발칙한 상상력의 전개는 기발한 창의성에서 나온다. 그래서 그의 수필은 여타의 수필가의 수필과는 변별성이 있다. 수필계의 게릴라같은 존재라 해도 반론을 제기할 사람은 없을 것이다. 수필정신은 자유정신이다. 이를 실천하고 있는 작가가 그라는 것을 나는 확인할 수 있었다. 사회에 대해서도 서슴없이 토해내는 그 힘이 글의 편 편마다 내재해 있다.

- 유한근 (문학평론가 / 한성디지털대학교 교수)

박종규 수필을 말한다

[그들만의 캐슬]은 수필의 특성 중 하나인 자기고백성을 범상치 않은 시선과 능숙한 어법으로 우리 가족상의 현실을 보여준다. 우리 사회가 산업화와 핵가족이 동시에 진행되면서 소위 세계화 시대를 맞게 되고, 우리 것은 사라지게 된다. 이에 무너진 우리의 가족상을 '캐슬'에 빗대서, 새삼 우리의 정체성을 암시시켜 준다.

- 함동선 (시인 / 중앙대 명예교수)

박종규의 수필은 한 편의 추상화를 보는 느낌이다. 사유의 전개에 있어 드러남과 숨음을 내적 감각으로 수용하여 한 편의 그림을 그리고 있다.
[바다칸타타]가 보여주듯, 감각의 절묘한 혼합과 융회, 그리고 이미지의 중첩이 형상화에 이바지하고 있다 한다면, '꽃섬'에서의 [소리꽃밭]은 문학과 음악이 이종결합하면서 이른바

퓨전적 발상의 진수를 보여준다. 한마디로 수필 [소리꽃밭]은 격정과 고요, 그 상반되는 상황의 연속적 흐름을 속도감과 비례하여 휘모리라는 절정에 이르기까지의 삶의 곤고함, 그 고난을 이겨내는 평정의 시간으로 귀환하게 하는 존재의 순환과 순례의 역경을 보여주고 있다. 그렇다. 그의 수필은 작가가 체험하고 목도한 삶의 순간에서의 현상을 이미지의 중첩, 이종결합의 기법으로써 형상화에 기여하고 있다. 하여 그의 수필은 추상화를 보는 즐거움을 준다. 한 폭의 그림이요, 음악이다.

라이너 마리아 릴케Rilke는 "나는 사물의 본질을 파악하고자 아침에는 눈을 뜨는 순간부터 잠들 때까지 계속해서 주위를 두리번거린다. 가끔 기분이 좋지 않을 때에도 게으름을 피우지 않고 열심히 주위를 살핀다."라고 했다. 수필작가 박종규의 수필 쓰기는 릴케의 경우가 아닐지 싶다. 그의 시선에 포착된 사물은 항상 새롭게 변용되고 있다. 고전적인 기억의 저장고에서 인유되는 개개의 화소들이 새롭게 단장하고 있다. 미학 전공의 미술

박종규 수필을 말한다

  학도, 디자인을 강의하는 그의 학자적 시선, 소설가의 서사적 기법이 수필문학에 이르러 퓨전화 된 작품으로 형상화되고 있지 않나 싶다.
  그는 누구보다도 감각적 사유에 수필의 언어적 미감을 접맥시켜 이종결합함으로써 수필문학의 영역 확대에 기여하고 있다. 그러나 이 점은 그의 수필에서 그리 중요하지 않다. 그는 언어로 기록된 수필문학을 기반으로 퍼포먼스라는 '행위예술'을 통해 독자와의 소통의 장을 마련하고 있다. 그에게서 더 큰 가치를 발견하게 되는 이 점이 그의 수필 읽기의 묘체일 것이다.
                - 한상렬 (문학평론가 / 한국문학비평가협회 이사)